AF448432

La révélation de Dieu

Tome 1
L'apocalypse de la Genèse

La vie de Dieu, des dieux et des anges avant et pendant la création de l'Univers jusqu'à l'émergence de l'Homo sapiens.

Jack Laffrat et Patrice Mérillet

CIP a Camerei Naționale a Cărții

Laffrat, Jack.
Mèrillet, Patrice.

La révélation de Dieu : La vie de Dieu, des dieux et des anges avant et pendant la création de l'Univers jusqu'à l'émergence de l'Homo sapiens / Jack Laffrat, Patrice Mèrillet. – Chișinău : Generis Publishing, 2020 (Print on demand). – ISBN 978-9975-117-43-2.

Tome 1 : L'apocalypse de la Genèse. – 2020. – 70 p. : fig. – Referințe bibliogr. în subsol. – ISBN 978-9975-117-44-9.

27

L 14

Cover image: www.pixabay.com

Generis Publishing

Online orders: www.generis-publishing.com
Orders by email: info@generis-publishing.com

Introduction

Le mot « *apocalypse* »[1] signifie « *dévoilement* », « *révélation* ». Le mot « *Genèse* »[2] signifie « *Commencement* », « *Origine* ». Ce livre « *L'apocalypse de la Genèse* » aurait pu avoir pour titre « *Le dévoilement du Commencement* » ou encore « *La révélation de l'Origine* ».

« *Leurs yeux s'étaient ouverts; **les hommes et les femmes étaient devenus comme des dieux**.* »[3]

Dieu a dit aux dieux :

« ***Voici que l'humain est devenu comme l'un de nous***. »[4]

Dieu qui juge au milieu des dieux a dit :

« ***Vous êtes des dieux, vous êtes tous des fils du Très-Haut***. »[5]

Jésus répondit aux Juifs en disant:

« *N'est-il pas écrit dans votre loi : **J'ai dit : vous êtes des dieux** ?* »[6]

Dans ce livre, Dieu nous révèle qui Il est. Il nous révèle pourquoi et comment Il a créés les dieux, pourquoi et comment Il a créé l'Univers, la lumière, le ciel, la Terre, les végétaux, les étoiles, les animaux et l'Homo non sapiens. comment l'Homo non sapiens est devenu sapiens.

Nous sommes des dieux ! Nous savons d'où nous venons, où nous sommes et où nous allons, nous savons pourquoi et comment nous sommes devenus des anges puis des âmes. Avec les yeux et l'esprit ouverts, nous comprenons l'essentiel

---

[1]. Du grec ἀποκάλυψις, *apokálupsis.*
[2]. Du grec Γένεσις, *Genesis.*
[3]. Genèse 3:5.
[4]. Genèse 3:22.
[5]. Psaume 82:2 et 6.
[6]. Jean 10:34.

et le fondamental : il n'y a pas de hasard[7], il n'y a pas de mystère[8], la vie a un sens et a du sens.

« Approchez-vous de Dieu et Il s'approchera de vous. »[9]

« Respecter Dieu, c'est le commencement de la science, seuls les fous s'en moquent. »[10]

« Tout blasphème sera pardonné aux hommes, mais le blasphème contre l'Esprit ne sera pas pardonné. »[11]

---

[7]. *« Le hasard, c'est Dieu qui se promène incognito »* (A. Einstein). Dieu ne s'est jamais promené incognito : il n'y a donc pas de hasard.

[8]. Le mystère est par définition *« ce qui est inaccessible à la raison humaine, ce qui est de l'ordre du surnaturel, ce qui est obscur, caché, inconnu, incompréhensible »*. *« Le vrai mystère du monde est le visible et non l'invisible »* (O. Wilde).

[9]. Jacques 4:8.

[10]. Proverbe 1:7.

[11]. Matthieu 12:31.

A : Je suis Dieu

*Je suis **DIEU** Moi qui vous parle ! Je Me suis déjà défini*[12] *! J'ai dit : « **JE SUIS QUI JE SERAI, JE SUIS QUI JE SUIS, JE SUIS CELUI QUI EST, JE SUIS**[13]*, ***CELUI QUI EST, QUI ÉTAIT et QUI VIENT**[14]. »*

Je n'ai pas de Mère[15]. *Je n'ai pas non plus de Père. Je SUIS. J'ai toujours été. Je n'ai jamais eu de commencement. Je n'ai pas d'origine... Je serai toujours. Je n'aurai jamais de fin... Je suis éternel.* **JE SUIS L'ÉTERNEL.** <u>*Je suis le TEMPS*</u>[16], *le passé, le présent et le futur. Je suis « Celui qui EST » ; Je suis « JE », Je suis une entité, Je suis un individu, Je suis un être particulier, Je suis une personne*[17] *non humaine. Je suis individuel et personnel*[18]. **Je suis esprit**[19]. **L'esprit**[20] *est Mon unique constituant. L'esprit est Mon essence. Je ne suis fait que*

---

[12]. *« Définissez-moi d'abord ce que vous entendez par Dieu et je vous dirai si j'y crois. »* Qui mieux que Dieu peut définir Dieu ? Dieu s'est défini. Einstein n'y a pas cru. Einstein était athée. *« Je suis, bien sûr, et ai toujours été un athée »* (Albert Einstein, *lettre à Guy H. Raner Jr*, 2 Juillet 1945, Skeptic, 1997, 5(2):62). Un athée par définition ne croit ni à la réalité d'une quelconque divinité, ni aux dieux ni à Dieu. Einstein n'a pas cru en Dieu. *« Le mot Dieu n'est pour moi rien de plus que l'expression et le produit des faiblesses humaines.»* (Albert Einstein, *lettre à Eric Gutkind*, 3 janvier 1954).

[13]. Exode 3:14.

[14]. Apocalypse 1:4.

[15]. Ceux qui disent que Dieu a une mère sont des charlatans.

[16]. *"Le Temps est l'image mobile de l'éternité immobile"* (Platon, *Timée*, Les Belles Lettres, 37d-38a). Le mot temps, du latin *"tempus"* (« division du temps, durée, époque »), vient de la racine indo-européenne *"tem"*, qui donne le mot grec *"temno"* ("τεμνω") signifiant *"couper"*, *"enlever en coupant"*.

[17]. Pour le philosophe Boèce : *"La personne est une «substance individuelle de nature rationnelle... un individu doué de raison en tant que constituant une substance".* Dieu est une substance spirituelle, donc une Personne douée de raison. Une Personne qui, par définition, est le Moi, une Individualité.

[18]. Dieu est « Je ». "Je" est un pronom personnel. Dieu est une entité personnelle non humaine. *« Je ne crois pas en un Dieu personnel et je n'ai jamais dit le contraire de cela, je l'ai plutôt exprimé clairement. »* (Albert Einstein, lettre du 24 mars 1954). Einstein n'a pas cru en un Dieu individuel et personnel ; il n'a pas cru au Dieu de la Genèse. Le *Dieu* de la Genèse, *El* en langue sémitique, est présenté dans les textes de la mythologie ougaritique comme le père du panthéon local et le père des dieux. *Eloha* et *Elohim* sont deux formes allongées de *El*. Certains considèrent *Elohim*, en hébreu אֱלֹהִים, comme la forme plurielle d'*Eloha,* en hébreu אֱלוֹהַּ. D'autres considèrent *Eloha* comme la forme « particulière » d'*Elohim*. N'y aurait-il pas Dieu et les dieux ?

[19]. Jean 4:24. *Dieu est esprit.*

[20]. Par définition, l'esprit est le principe de la vie. Par définition, dans l'esprit se trouve la totalité des facultés intellectuelles. Par définition, l'esprit est le siège de la pensée, des idées. Par définition, l'esprit est immatériel. Dieu est esprit. Il est L'Être spirituel. Le mot « esprit » vient du mot latin « *spiritus* » qui lui-même dérive du verbe *spirare,* « souffler ». L'esprit est « souffle ».

d'esprit[21], *Je suis uniquement spirituel.* ***Je suis l'Esprit.*** *Je suis vrai.* ***Je suis la Vérité***[22]. *Mon esprit est **énergie** et **vie**.* ***Je suis Énergie et Vie***[23]. *Je suis **Vivant**. Je suis l'éternel Vivant. Mon esprit est **amour**. Je suis **Amour***[24]. *J'aime. Je suis **Aimant**. Je suis le Souffle. L'esprit est **libre**, libre comme le vent : Je souffle où Je veux*[25]. *Je suis **Libre**. Je suis **Liberté**. L'esprit est **intelligent**. Je fais preuve d'esprit, Je ne sais faire que cela : Je suis **Intelligent**. L'esprit est **volontaire**. J'exerce Mes choix librement, J'accomplis Mes actes consciemment : Je suis **Volontaire**. L'esprit est **sensible**. J'émets, Je m'émeus, Je ressens : Je suis **Sensible**. Je suis Dieu, l'Esprit*[26], *l'Éternel, Libre, Vivant et Aimant, Intelligent, Volontaire et Sensible.*

*Je suis **Créateur**. **Le Créateur** !*

*Bien avant la création des dieux et bien avant celle de l'Univers, J'ai vécu Seul dans l'**Espace***[27], *totalement Seul, très longtemps, une éternité. Seul, Je n'avais que Moi-même à aimer, alors Je Me suis aimé Seul. Parce que Seul, J'étais entièrement libre.*

Libre de Me décontracter absolument. Absolument décontracté, Je touchais les quatre coins de l'Espace : <u>J'étais l'Espace</u>.

---

[21]. L'esprit c'est aussi le « *pneuma* » grec : le « principe de la vie», la « cause de la vie » « le fondement de la vie », en un mot : la vie. **<u>L'esprit n'a pas d'origine mais est à l'origine de tout</u>**. On pourrait, en extrapolant légèrement, associer le mot esprit au mot énergie. L'énergie n'est-elle pas en effet comme l'esprit indestructible, n'est-elle pas aussi comme l'esprit un « souffle » ?

[22].1 Jean 5:6. *L'Esprit est la Vérité.*

[23]. Jean 6:63.

[24]. 1 Jean 4:8. « *Dieu est amour.* »

[25]. Jean 3:6. « *Le vent souffle où il veut.* »

[26]. L'esprit par définition est immatériel.

[27]. "*Il y a deux formes pures de l'intuition sensible, à savoir, l'espace et le temps*" (Cousin, *Philos. Kant,*1857, p. 70). "*Le temps est la quatrième dimension de l'espace*" (Alain, *Propos,*1927, p. 736). "*La théorie de la relativité nous a appris que le temps était inséparable de l'espace*" (Cartan, *Parallélisme abs.,*1932, p. 14).

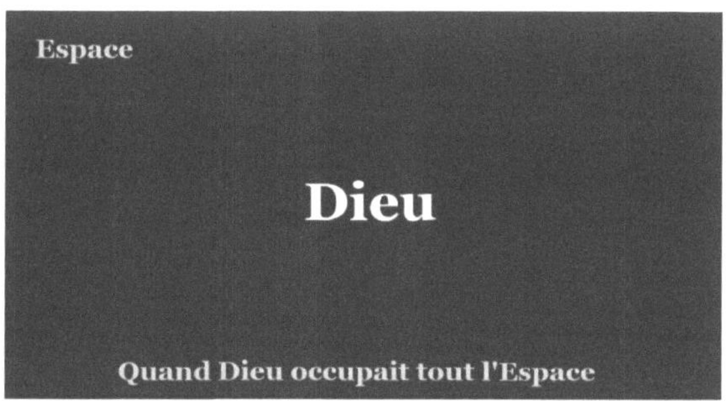

Libre de me concentrer relativement. Relativement concentré, Je n'occupais qu'une partie de l'Espace : ce qui n'était pas Moi dans l'Espace Je l'ai appelé Néant[28].

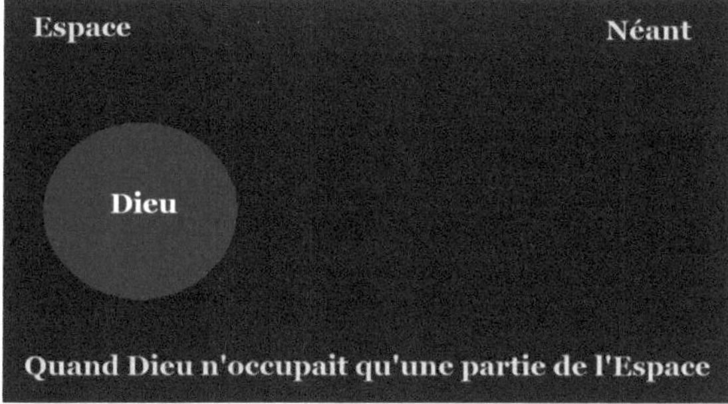

L'Espace en ce temps-là était monothéiste[29].

J'ai longtemps vécu Seul. Très longtemps. Peut-être trop... Puis, Je n'ai plus voulu être Seul. Je voulais pouvoir partager Ma vie avec d'autres vies, pouvoir partager Mon Amour avec d'autres amours. Alors Je Me suis dit : « Tu es Dieu, tout T'est possible, eh bien ! crée les dieux et partage Ta vie avec eux. Tu es l'Esprit, tout T'est possible, eh bien ! crée les esprits[30] et partage Ton amour avec eux ! »

---

[28]. Par définition, le Néant est l'absence d'existence.
[29]. *Monothéiste,* du grec μονός [monos], « *seul, unique* » et θεός [theos], « *dieu* ».
[30]. Jean 3:6. *Ce qui est né de l'Esprit est esprit.*

B : J'ai créé les dieux

J'ai créé les dieux[31] ! J'ai créé les esprits[32] ! Ils sont Ma première création, création exclusivement spirituelle.

Pour les créer, Je Me suis concentré, Je n'ai plus occupé qu'une partie de l'Espace : Je devais leur faire de la place. J'ai pris une très petite quantité de Moi-même, une très petite partie de Mon Esprit, et Je Me suis dit : « Que Mon sperme spirituel les engendre et leur donne la vie ; Je l'éjacule dans le Néant de l'Espace ; Je lui ordonne de se dissocier en une multitude de spermatozoïdes spirituels, en des milliards de milliards de dieux, en des myriades de myriades d'esprits, individuels et personnels. J'accouche d'eux. »

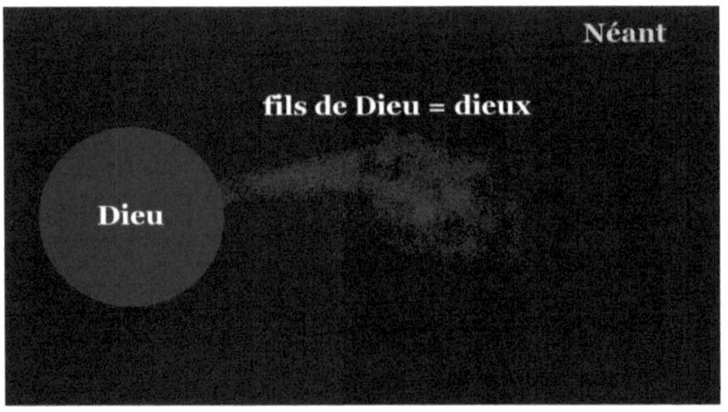

Je le dis : « Depuis que J'ai accouché des dieux, l'Espace n'est plus monothéiste mais polythéiste[33]. »

Les dieux étaient devant Moi. Ils formaient une foule immense. Ils étaient comme des eaux[34] vivantes et mouvantes. J'ai soufflé[35] sur eux et Je leur ai dit : « Je suis Votre Père. Je suis Votre Mère. Vous êtes Mes fils, des petits de Dieu, des

---

[31]. Selon la Théogonie d'Hésiode, Chaos précède l'origine des dieux. Hésiode ne dit pas qui est Chaos et comment de Chaos sont nés les dieux.

[32]. Qui d''autre que Dieu aurait pu créer les dieux ? Qui d'autre que l'Esprit aurait pu créer les esprits ?

[33]. Le mot polythéiste, du grec πολύς [poly], « beaucoup » et θεός [theos], « dieu », signifie « plusieurs dieux ».

[34]. Genèse 1:2. « *Le souffle de Dieu planait à la surface des eaux.*» Dans Apocalypse 17:15, *les eaux symbolisent des foules*. Donc, *le souffle de Dieu, l'Esprit de Dieu, planait au-dessus des foules de dieux.*

[35]. Le *ch'i* chinois, le *qì* pinyin, le *ch'i* Wade, le *ts'i* EFEO et le *ki /xi* japonais désignent un *principe fondamental formant et animant l'Univers et la vie.* Le *Qi, souffle-énergie,* qui est le fondement de la médecine chinoise, est très proche de la notion d'esprit, lui-même *souffle* et *énergie.*

dieux, des esprits, des énergies, des vies, des souffles. Je suis la cause de votre origine[36] ! Je suis votre origine. Parce que vous êtes des esprits vous n'aurez pas de fin ! Depuis votre naissance vous êtes éternels. Vous êtes éternellement vivants, comme Moi Je le suis. Vous êtes libres et aimants, comme Moi Je le suis. Vous êtes intelligents, volontaires et sensibles, comme Moi Je le suis. Vous êtes de même nature que Moi. Je suis votre Dieu. Vous êtes des dieux, Mes enfants. Je suis l'Esprit ! Vous êtes des esprits, spirituels. Vos potentiels spirituels sont spécifiques ; ils sont, comme vous le constatez très faibles comparés au Mien. Faites-en bon usage : aimez-vous, faites preuve d'esprit ; aimez-Moi, faites preuve d'intelligence, de volonté et de sensibilité ; vivez librement ; partagez vos souffles ! Partageons nos souffles ! Partagez vos vies ! Partageons nos vies ! Aimons-nous. Faisons uns !

*Avec le temps, Je vis des dieux qui s'éloignaient de Moi ; ils étaient quelques millions, peu nombreux ; ils préféraient la compagnie du **Diable**[37] à la Mienne. Le Diable est ce dieu qui depuis sa naissance s'oppose à Moi[38]. Je les ai qualifiés de **diaboliques** parce qu'ils entouraient le Diable. Ils formaient loin de Moi et près de lui **le groupe des dieux diaboliques**.*

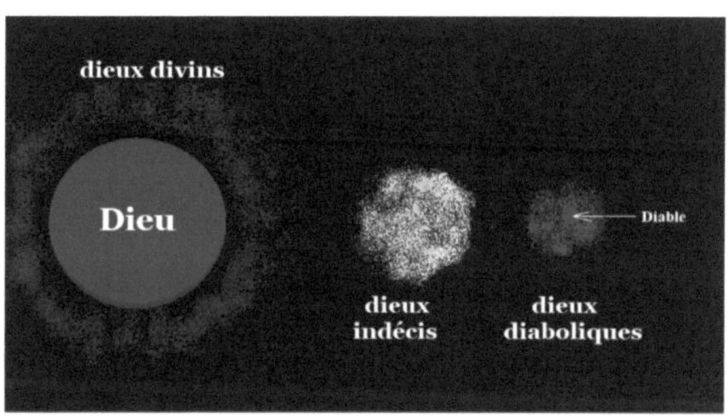

*À l'opposé des dieux diaboliques, il y avait de très nombreux dieux, de très loin les plus nombreux, des milliards de milliards qui étaient restés près de Moi. Ils M'entouraient. Ils M'aimaient. Je les ai qualifiés de **divins** parce qu'il étaient avec*

---

[36]. Toutes les mythologies parlent des dieux mais aucune ne dit vraiment qui ils sont ni qui les a créés ni pourquoi et comment ils ont été créés. Sans Dieu, il n'y aurait pas eu de dieux.

[37]. Le Diable (du latin : *diabolus*, du grec διάβολος / *diábolos*) signifie « celui qui divise » ou « qui désunit » ou encore « trompeur, calomniateur ». Ce nom propre, en général, personnifie l'esprit du mal.

[38]. L'Esprit de Dieu est bon. *Il n'y a de bon que Dieu seul* (Luc 18:19). Le Diable est un dieu mauvais. Il est devenu mauvais tout seul. Il s'est transformé en esprit du mal sans l'aide de personne. Il est devenu diabolique en s'opposant à Dieu.

*Moi ! Ils formaient autour de Moi **le groupe des dieux divins**[39].*

*Enfin, entre les dieux divins et les dieux diaboliques, il y avait un troisième groupe de dieux. Ceux-là étaient assez nombreux, quelques dizaines de milliards. Ils s'étaient positionnés entre le Diable et Moi, entre les dieux diaboliques et les dieux divins, comme de la limaille de fer entre les deux pôles d'un aimant. Ils étaient ni pour ni contre le Diable ni pour ni contre Moi. Ils étaient plus ou moins divins, plus ou moins diaboliques. Je les ai qualifiés d'**indécis** parce qu'ils n'arrivaient pas à se décider entre le Diable et Moi. Ils formaient **le groupe des dieux indécis**.*

Alors J'ai dit : « Celui qui n'est pas avec moi est contre moi ; celui qui n'est pas divin est non divin[40]. »

*Par conséquent, il n'y avait trois groupes de dieux devant Moi mais seulement deux : **le groupe des dieux divins** et **le groupe des dieux non divins**.*

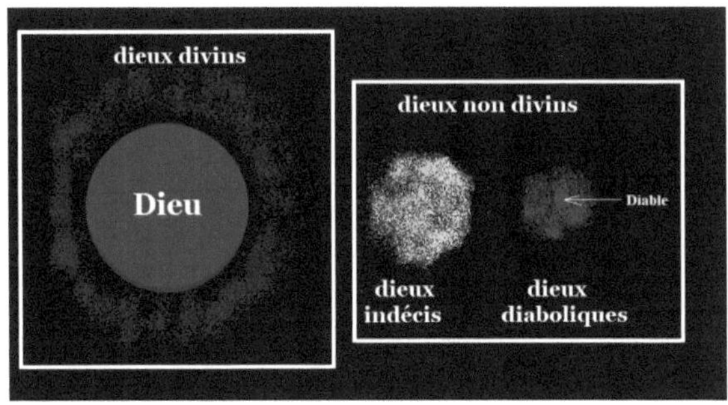

J'ai alors dit aux dieux : « Mes fils, mes bien-aimés, aimez-vous les uns les autres comme Je vous aime[41]. Restez unis. Aimez-Moi comme Je vous aime et comme Je veux et dois être aimé. Aimons-nous les uns les autres. Ensemble, faisons un. »

Mais à peine eus-Je fini Ma phrase que le Diable s'écria : « Nous ne voulons pas faire un avec Toi. Nous ne T'aimons plus. Nous ne voulons plus vivre avec Toi. Nous ne voulons plus Te voir. Nous voulons vivre sans Toi. »

Je lui ai alors répondu : « Diable, Je t'ai créé libre, libre de ne plus M'aimer, libre de ne plus Me regarder, libre de vivre loin de Moi, libre de ne plus vouloir

---

[39]. Le terme "*dieux divins*" est un pléonasme volontaire et nécessaire ; il permet de distinguer les dieux qui s'accordent avec Dieu des dieux qui se dissocient de Lui, les "*dieux non divins*".
[40]. Matthieu 12:30 ; Luc 11:23. « *Celui qui n'est pas avec moi est contre moi* ». Pour le prêtre et sociologue Jacques Grand'Maison « *l'esprit manichéen transforme toute distinction en opposition et ramène systématiquement la complexité du réel à deux termes qui s'excluent.* »
[41]. Jean 13:34.

faire un avec Moi. Je respecte ton choix ! Je respecte ta liberté !»

Il cria de plus belle : « Je n'ai pas le choix ! Si je l'avais eu je serai dans un Univers où Tu n'es pas. Mais cet Univers n'existe pas. Je n'ai pas d'autre choix que d'être avec Toi, que de Te supporter, que de vivre dans le même espace que Toi. Tu dis que je suis libre, mais la réalité est là : je ne le suis pas. »

Alors, il se tourna vers les dieux diaboliques et, fort de leur soutien, il vociféra : « Dieu nous dit que nous sommes libres, qu'Il nous a créé libres mais la réalité est toute autre : si nous étions véritablement nous aurions un Univers à nous, un Univers où Dieu n'est pas, un Univers dans lequel nous ne Le verrions pas, dans lequel nous vivrions sans Lui ! »

Alors tous les dieux diaboliques applaudirent.

Alors Je me suis adressé à tous les dieux et leur ai dit : « Mes fils, croyez-Moi, la liberté n'est pas là où vous la croyez. Je vous ai véritablement créés libres, libres de M'aimer ou de ne pas M'aimer, libres de vivre avec ou sans Moi, libres de faire ou non un avec Moi. »

J'ai continué en leur disant : « Pour vous prouver que vous êtes libres, puisqu'une minorité de dieux ne veut plus de Moi et qu'elle veut un Univers à elle, un Univers sans Moi, eh bien Je vais le lui créer. Tous ceux qui voudront vivre sans Moi auront un Univers à eux. Ils y vivront sans Moi. Dans leur Univers, ils ne me verront plus ! »

*J'ai insisté en disant : « Sachez-le : les dieux qui iront dans l'Univers seront appelés des **anges**. Les dieux qui continueront d'être avec Moi continueront d'être appelés des **dieux**. Sachez-le aussi pour qu'il n'y ait pas d'entourloupe : les **anges** dans l'univers seront moins libres que les **dieux** restés en dehors de l'Univers pour la simple raison que l'Univers que Je vais créé ne sera pas spirituel. »*

*J'ai dit ensuite: « **Je n'irai jamais dans l'Univers** ; Je n'y deviendrai jamais un ange ! Je resterai toujours en dehors de l'Univers. »*

Puis, J'ai terminé en disant : « Dans l'Univers, les anges pourront, s'ils le veulent, s'unir à Moi par l'esprit. Unis à Moi par l'esprit ils pourront marcher dans Mes voies. S'ils marchent dans mes voies, ils reviendront vers Moi. S'ils n'y marchent pas, ils ne reviendront pas vers Moi et resteront dans l'Univers. Maintenant, écoutez-Moi bien, avant que Je ne crée l'Univers, Je vous demande de vous déterminer librement, volontairement et intelligemment, pour ou contre Moi ! Que ceux qui veulent vivre avec Moi s'approchent de Moi et que ceux qui ne veulent plus vivre avec Moi s'éloignent de Moi. Quant à ceux qui n'arrivent pas à se décider, les indécis, leur place sera dans l'Univers avec les dieux diaboliques car Je n'aime ni les tièdes ni les froids. »

Tous les dieux se déterminèrent librement en s'approchant de Moi ou en ne s'y approchant pas.

Alors J'ai dit : « Je déclare ouverte la création de l'Univers. »

C : J'ai créé l'Univers

J'ai créé l'Univers[42]. L'Univers[43] est Ma seconde création, création exclusivement matérielle[44]. Je l'ai créé en sept étapes, en sept Jours. Chacune des

---

[42]. De nombreux esprits ne veulent pas reconnaître qu'ils étaient des dieux et qu'ils vivaient avec Dieu avant que la création de l'Univers. Ils préfèrent vivre dans l'Univers sans savoir pourquoi il existe et sans savoir pourquoi ils y sont et ce qu'ils doivent y faire.

Les commentateurs bibliques et les théologiens ne se posent pas la question de savoir pourquoi Dieu a créé l'Univers. Ils n'en attendent donc pas la réponse. Ils préfèrent le mystère, les grands et les petits mystères des religions, les dogmes et les enseignements secrets des religions, les religions à mystères et le mystère d'iniquité (2 Thessaloniciens 2:7).

[43]. Einstein répondit en 1936 à une jeune fille qui le questionnait sur ses croyances : *"N'importe qui de sérieusement impliqué dans la poursuite de la science devient convaincu qu'un esprit est manifeste dans les lois de l'Univers. Un esprit largement supérieur à celui d'un homme, et en face duquel nous, avec nos modestes pouvoirs, devons nous sentir humbles."* Einstein parle d'un esprit largement supérieur à celui de l'homme, donc du sien ; Einstein ne nomme pas cet esprit. Einstein est athée. Il est cependant convaincu de l'existence d'un esprit supérieur. Einstein croyait au moins en un dieu, le dieu de Spinoza : *« Je crois au dieu de Spinoza, qui se révèle dans l'ordre harmonieux de ce qui existe, et non en un Dieu qui se préoccupe du sort et des actions des êtres humains. »* (Phrase écrite par Einstein dans un télégramme au rabbin Goldstein de New York). Le dieu de Spinoza qui n'est pas Dieu est non personnel et non créateur. Le Dieu de la Genèse est personnel et créateur.

En 2004, Jules Leveugle expose dans *« La relativité, Poincaré et Einstein, Planck, Hilbert. Histoire véridique de la théorie de la Relativité »* qu'Einstein ne fut qu'un plagiaire du mathématicien français Henri Poincaré.

Le 23 novembre 2006, dans sa lettre ouverte aux juges de la 17ème chambre du TGI de Paris qui ont siégé lors de l'affaire « Jules Leveugle contre Albert Einstein », Michel Dakar écrit : *« Albert Einstein est mondialement connu comme une sorte de saint laïc, un sage bienveillant, un modèle moral universel, un être quasi mythique, un esprit éthéré, l'inventeur de la théorie de la « relativité restreinte », laquelle a révolutionné la physique moderne, ainsi que le « père de la bombe atomique » [...] Il a participé à la fabrication des bombes qui ont anéanti Hiroshima et Nagasaki, tuant plusieurs millions de civils, soit immédiatement, soit dans les années qui ont suivi leurs explosions [...] Être qualifié de « père de la bombe atomique » est la pire des ignominies qu'un être puisse porter. Albert Einstein est le monstre absolu, l'ennemi mortel, définitif de l'humanité, et de toute vie [...] Il a fallu tout le poids de la propagande pour nous le faire représenter comme un être bienfaiteur, doux, tendre, positif. C'est le criminel indépassable. C'est la caricature du monstre total. »*

En 1955, l'année même de la mort d'Einstein, Malraux disait : *«Je pense que la tâche du prochain siècle, en face de la plus terrible menace qu'ait connue l'humanité, va être d'y réintégrer les dieux.»* (André Malraux, le 21 mai 1955, *L'homme et le fantôme, Cahier de l'Herne*, p. 436). Einstein de son vivant n'a pas réintégré les dieux ; en revanche, il s'est créé un dieu sur mesure, à dieu son image, grâce auquel il s'est fait aduler comme un dieu par ses fans.

[44]. L'Univers est matériel ; il est fait de choses, d'objets, de corps, d'images, de symboles visibles. Mais l'Univers n'est pas que matériel, il est aussi spirituel puisqu'il est peuplé d'esprits et d'idées. Pour Platon, les choses sensibles, c'est à dire ce qui est visible et matériel, ne sont que des apparences de la réalité ; les Idées qui sont invisibles et spirituelles, en particulier l'idée du bien et de Dieu, cause et raison de toutes choses, sont les réalités véritables. Chez Platon, la connaissance vraie ne se situe qu'au niveau des idées.

sept étapes délivre un message matériel[45] avec ses propres symboles[46] et ses propres images. Chacun des sept Jours délivre un message spirituel avec sa propre lumière. Chaque lumière raconte un épisode de la vie[47] des dieux et des anges

1er Jour : J'ai créé la lumière

*J'ai créé la **lumière**[48] pendant la première étape de la création de l'Univers, au **premier Jour**[49]. Je l'ai créée pour créer l'Univers. Je l'ai créée avec une très petite quantité de Mon Esprit ; cette quantité est équivalente à celle avec laquelle J'ai créé les dieux.*

*J'ai dit : « **<u>Que la création de la lumière symbolise la création des dieux</u>. <u>Que la quantité de lumière symbolise le potentiel spirituel des dieux créés</u>. <u>Que la lumière symbolise l'ensemble des dieux créés</u>. »*

Alors, Je l'ai crachée dans le Néant de l'Espace[50]. Je lui ai ordonné d'englober les dieux non divins qui ne s'étaient pas approchés de Moi, les diaboliques et les

---

[45]. Les yeux humains ne peuvent pas voir les esprits, les anges et les dieux. Mais ce n'est pas parce qu'ils ne les voient pas qu'ils n'existent pas.

[46]. Un symbole par définition est une image ou un objet, un mot ou un son. Un symbole sert à désigner une chose le plus souvent abstraite, mais aussi une idée ou un concept. « *J'appelle image d'abord les ombres ensuite les reflets qu'on voit dans les eaux, ou à la surface des corps opaques, polis et brillants et toutes les représentations de ce genre* » (Platon, *La République*, Livre VI, (484a - 511e).

[47]. Il faut quitter le monde visible et matériel pour accéder au monde invisible et spirituel. Il faut sortir de la ténèbre de la caverne pour passer à la lumière de l'esprit. Il faut fuir le monde des apparences pour toucher du doigt la réalité et la vérité. Il faut savoir différencier les images de ce qu'elles représentent. L'*allégorie de la caverne* (et non pas le mythe de la caverne comme on le trouve parfois dit ou écrit) a été exposée par Platon dans le Livre VII de La République. Platon, ce philosophe majeur de la pensée occidentale, de l'Antiquité grecque en particulier, est né vers 427 avant J.-C. Il aurait vécu quatre-vingts ou quatre-vingt-un ans (une biographie pythagoricienne préfère 81, car c'est le carré de 9). Son œuvre, essentiellement sous forme de dialogues, se présente comme une recherche rigoureuse de la vérité, sans limitation de domaine. La confiance dans la capacité humaine de connaître la réalité constitue l'unité de son œuvre. Pour lui, l'homme ne doit pas se limiter à des impressions mais doit consacrer sa vie à chercher la vérité pour accéder à une réalité qui le dépasse. Pour Platon, le réel est connaissable.

[48]. Le mot *lumière* désigne tout ce qui rend les choses visibles et les éclaire. Au sens figuré, le mot *lumière* désigne tout ce qui éclaire et guide l'esprit.

[49]. Le mot *Jour* ici ne doit pas être confondu avec le jour terrestre de vingt-quatre heures puisqu'au *premier jour de la création de l'Univers* la Terre et le Soleil n'existant pas il n'y avait pas de jour terrestre. Le mot *Jour* ici est une période, un espace de temps avec un début et une fin. Le *premier Jour* correspond *à la durée de la première étape de la création de l'Univers*.

[50]. La racine indo-européenne *dei-* « briller », « *émettre de la lumière* » a donné le mot «*dieux*» (*dei* en latin) et le mot «*jour*» (*dies* en latin).

*indécis. Les dieux non divins devinrent sur-le-champ des **anges non divins**, des **anges indécis** et des **anges diaboliques**.*

J'ai dit : « Que la lumière soit ! »

Et la lumière fut[51]. En un éclair, elle engloba les dieux non divins. Elle sépara ainsi les dieux divins des anges non divins.

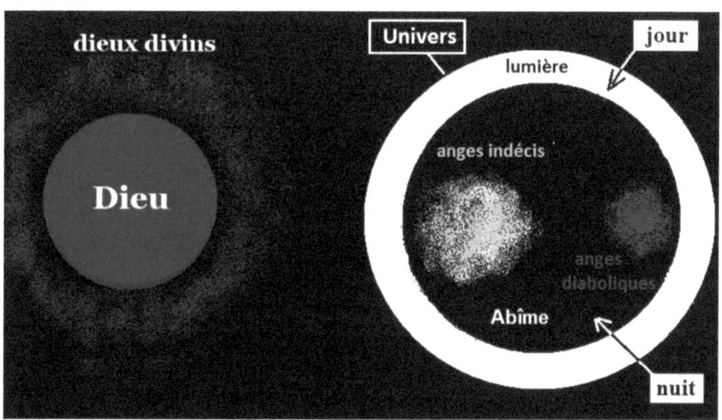

*J'ai appelé la lumière « **jour** »[52]et J'ai appelé « **nuit** »[53]tout ce qui n'était pas la lumière dans l'Univers.*

*J'ai appelé « **Abîme** »[54] l'espace qui n'était pas occupé par la lumière dans l'Univers.*

Les anges non divins étaient donc dans l'Abîme.

La lumière coupa la ténèbre du Néant[55] en deux. Il y eut dès lors deux ténèbres : celle du Néant et celle de l'Abîme. La ténèbre du Néant englobait la lumière et la

---

[51]. Genèse 1:3. *" Que la lumière soit ! Et la lumière fut. "*

[52]. Genèse 1:5.

[53]. Selon le Littré la *nuit* est l'*obscurité*, la *ténèbre*. La *nuit* est dans l'Univers ce qui n'est pas la *lumière*. La nuit est donc la ténèbre de l'Abîme. Évidemment, la nuit dans le discours biblique de la Genèse n'est pas l'espace de temps qui suit le crépuscule du soir jusqu'au crépuscule du matin puisqu'au *premier Jour*, comme nous l'avons déjà dit, la Terre et le Soleil n'existaient pas. L'expression « *Il y eut un soir, il y eut un matin* » (Genèse 1:5) signifie donc que la première étape de la création de la lumière eut un début et une fin. La *nuit,* encore selon le Littré, signifie les ténèbres de l'esprit, l'aveuglement spirituel. Les nombreux commentateurs bibliques qui ont pris les *sept Jours* au pied de la lettre ont été particulièrement aveuglés.

[54]. Le mot *Abîme*, du latin *abyssus*, du grec ἄβυσσος, signifie un *fond*, une *cavité profonde*, mais aussi l'*enfer*, ce qui est extrême, le dernier degré, le précipice, la ruine, la perte, un lieu mystérieux. Dans l'Univers, au *premier Jour*, l'Abîme fut l'espace ténébreux peuplé par les anges non divins. Il fut la nuit. Il fut un enfer sans lumière.

[55]. Genèse 1:4. *" Dieu sépara la lumière et les ténèbres."* La *ténèbre* est par définition la *privation de lumière, obscurité, enfer*. *Séparer* signifie *mettre à part, rendre distinct, marquer la frontière , empêcher la réunion, mettre en évidence.*

19

lumière englobait la ténèbre de l'Abîme.

L'Univers ressemblait à une boule creuse. La lumière en était l'enveloppe. Une enveloppe épaisse, unie et homogène. Elle délimitait l'Univers.

Je l'affirme : **L'Univers est fini ; il est fermé** *!*

Sous la lumière, l'Abîme était un gouffre profond et ténébreux. Les anges diaboliques et indécis y étaient confinés. Ils étaient dans la nuit, dans l'obscurité, dans la ténèbre de l'Abîme, dans l'enfer de l'Univers, comme dans une caverne. Sous la lumière, ils donnaient l'impression de la porter. Ils étaient comme des «porteurs de lumière», comme des «Lucifers»[56]. La lumière les enfermait. Elle les emprisonnait. Elle était le mur de leur prison, et ce mur sans barreaux, mais lumineux, était infranchissable. Leur potentiel spirituel était si faible qu'ils ne pouvaient pas la pénétrer et la traverser. Ils ne pouvaient ni voir au travers ni au-delà. Ils ne Me voyaient par conséquent plus. Ils ne voyaient plus non plus les dieux divins. Ils avaient délaissés l'espace ouvert du Néant. Ils avaient choisis d'être dans l'espace fermé de l'Univers. L'Abîme était désormais leur prison. Qu'il soit pour eux leur première descente aux enfers.

Que celui qui a des oreilles pour entendre entende ce que Je dis :

*« **La lumière est de l'esprit transformé, de l'anti-esprit**[57] ! »*

*« **L'anti-esprit est de l'esprit annihilé, de l'esprit aux ordres, aux ordres de l'esprit** ! »*

*« **L'anti-esprit est de l'esprit sans liberté propre, sans vie propre, sans amour propre, dénué d'intelligence, de volonté et de sensibilité.** »*

La Lumière est de l'anti-esprit, de l'esprit non libre. Elle est contrainte. Elle est liée, entravée, servile, esclave. Elle est incapable d'agir par elle-même. Elle est incapable de s'exprimer. *Elle est paralysée[58], assujettie. Elle ne peut faire*

---

56. Lucifer, du latin *lux*, «lumière», et *ferre*, «porter».

57. La *lumière du premier Jour* n'est autre que la matière originelle, la lumière initiale, la lumière primordiale, la pré-matière. Elle diffère de *la lumière du deuxième Jour*, de *la lumière du troisième Jour* et de *la lumière du quatrième Jour*.

58. Les scientifiques reconnaissent que la lumière est à l'origine de l'Univers mais sans savoir ce qu'elle est et d'où elle vient. Ils disent qu'elle est un transport d'énergie sans transport de matière, que les photons qui la composent sont des quanta d'énergie, que les charges électriques dont elle est constituée interagissent par échange de photons. Le nom moderne *photon* dérive du mot grec ancien φῶς, *phos*, φωτός, *photos* qui signifie *lumière*. Les scientifiques disent que les photons sont des particules élémentaires, de masse et de charge nulle, qu'ils sont l'aspect

*qu'obéir. **Elle est <u>obéissante</u>**. Elle est aux ordres des esprits et de l'Esprit. Elle est à Mes ordres et aux ordres des dieux et des anges. Elle est à Mon service mais aussi au service des dieux et des anges. Elle fait toujours ce que Je lui ordonne de faire. Moi seul ait le potentiel suffisant pour la commander dans sa totalité*[59].

---

corpusculaire de la lumière et qu'ils sont « des porteurs de lumière et de l'énergie qui lui est associée ». Le mot *énergie* vient du grec ancien ἐνέργεια / *enérgeia* qui signifie *force en action*. Les scientifiques disent que les photons sont associés aux ondes électromagnétiques, qu'ils sont issus de champs électromagnétiques et qu'ils créent les rayonnements électromagnétiques. Les scientifiques pensent que le *fond diffus cosmologique* (en anglais : *Cosmic Microwave Background*, CMB ; prix Nobel de physique 1978) représente la plus vieille image électromagnétique qu'il est possible d'obtenir de l'Univers. Ils pensent aussi que la lumière originelle était opaque et formait un épais brouillard, comme un halo, qu'elle était une « mer » de laquelle les photons ne pouvaient pas s'échapper, qu'elle était un « champ » qui limitait l'Univers. Mais, l'origine des champs électromagnétiques primordiaux reste un mystère pour les scientifiques qui ne savent pas d'où ils sont venus et comment ils se sont formés. En revanche, les scientifiques affirment que l'énergie qui les compose est indestructible, que la quantité totale d'énergie dans l'Univers ne change pas, qu'elle est depuis le début toujours la même et qu'elle le restera. *"<u>Je crois en une vie après la mort</u>, tout simplement parce que l'énergie ne peut pas mourir ; elle circule, se transforme et ne s'arrête jamais."* dit Albert Einstein. Les scientifiques sont formels : l'énergie peut se transformer mais ne peut pas être détruite ; elle est donc éternelle, comme l'esprit.

En 1900, Henri Poincaré publia un article dans lequel il affirmait qu'un rayonnement pouvait être considéré comme un fluide fictif d'une masse m = E/c^2. En 1902, Olinto de Pretto reprit la relation de Poincaré E = mc². En 1905, Albert Einstein la rendit célèbre et depuis la formule lui est associée. Les scientifiques avant Poincaré doutaient d'une possible équation entre l'énergie et la masse, aujourd'hui ils n'en doutent plus. Les scientifiques doutaient de la quantification de l'énergie transportée par la lumière. Depuis que l'idée d'une quantification de l'énergie transportée par la lumière a été développée par Albert Einstein en 1905, ils n'en doutent plus. Avant l'avènement de la relativité restreinte, en 1905, les physiciens avaient élaboré des théories d'un <u>éther</u> luminifère (parmi les plus connus : l'éther de Newton, l'éther de Fresnel, l'éther de Lorentz, l'éther de Mach). Avec sa théorie de la relativité restreinte, Einstein affirma : « *<u>L'éther n'existe pas du tout</u>* ». Il ajouta *: « L'introduction d'un éther lumineux se révèle superflue par le fait que notre vision développée ici ne requiert aucun espace absolu au repos doué de propriétés particulières »* (A. Einstein, Zur Elektrodynamik bewegter Körperr, Annalen der Physik, 1905, 17, 891-921). Après l'avènement de la relativité générale en 1915, Einstein fit volte face : il réhabilita l'éther en 1920 ; il termina alors son discours sur l'éther par ces mots : *« <u>Il existe un éther</u>. Selon la théorie de la relativité générale, un espace sans éther est impensable, car dans un tel espace non seulement il n'y aurait pas de propagation de la lumière, mais aussi aucune possibilité d'existence pour un espace et un temps standard. »* (A. Einstein *Äther und Relativitätstheorie* Springer, Berlin, 1920). En physique, l'éther est *« une <u>substance subtile distincte de la matière</u> qui remplie l'espace et qui permet de fournir ou de transmettre des effets entre les corps »*. Mais que savent au juste les scientifiques sur cette substance subtile qui n'est pas matérielle et dont ils ne connaissent pas l'origine ? Serait-elle spirituelle ? Les scientifiques disent : *« La physique quantique réinvente l'éther sans le nommer sous l'appellation d'<u>énergie quantique du point zéro</u> (énergie qui n'est pas observable et qui n'a donc aucun sens physique). C'est l'énergie du champ électromagnétique qui subsiste lorsque la température descend au zéro absolu et qui produit une mer fourmillante de particules éphémères. »*

[59]. Les scientifiques se penchent toujours et encore sur l'origine de le lumière. Ils reconnaissent ne pas connaître la composition exacte de l'Univers (matière, antimatière, rayonnement, neutrinos, matière noire, énergie noire, etc). Ils continuent leur recherche... Quand cessera-t-elle ? Dieu seul le sait ! En attendant les générations passent et trépassent sans savoir ce qu'elle

Les anges non divins, même en s'unissant, ne peuvent en commander qu'une infime partie.

La lumière est de l'anti-esprit, de l'esprit non aimant*. Elle subit, elle est soumise, elle est docile ; elle est bloquée, sans envie, stérile ; elle ne montre aucun sentiment d'affection ni aucun sentiment d'attachement ni à Moi, ni aux dieux ni aux anges.*

La lumière est de l'anti-esprit, de l'esprit sans vie, elle est morte *: elle est inanimée, éteinte, immobilisée, figée, inerte ; elle est un jouet, un instrument, un outil, un objet dans Mes mains et dans celles des dieux et des anges.*

La lumière est de l'anti-esprit, de l'esprit dénué d'intelligence, de volonté, de sensibilité *: elle ne pense pas, elle n'a pas d'idée, elle ne comprend rien, elle ne désire rien, elle ne ressent rien, elle ne voit rien, elle n'entend rien, elle ne dit rien, elle ne conteste pas, elle se contente d'exécuter ce que l'esprit lui ordonne de faire.*

Si J'ai créé la lumière non libre c'est parce que les dieux non divins ont refusé Ma Liberté. Si Je l'ai créée morte c'est parce que les dieux non divins ont refusé Ma Vie. Si Je l'ai créée non aimante c'est parce que les dieux non divins ont refusé Mon Amour. Si Je l'ai créée dénuée d'intelligence, de volonté et de sensibilité c'est parce que les dieux non divins ont refusé Mon Intelligence, Ma Volonté et Ma Sensibilité.

Voici le message matériel de la première étape de la création de l'Univers *: J'ai créé la lumière[60] pour créer l'Univers. Sans elle, tout n'aurait été que ténèbre. Sans elle, il n'y aurait jamais eu d'Univers. Je l'ai créée pour diviser l'Espace en deux, pour diviser la ténèbre en deux.*

Voici le message spirituel du premier Jour *: J'ai créé la lumière pour symboliser l'ensemble des dieux. La création de la lumière est l'image de la création des dieux. J'ai créé la lumière pour séparer les dieux non divins des dieux divins. J'ai créé la lumière pour séparer l'espace fermé dans lequel sont les anges non divins de l'Espace ouvert dans lequel Je suis avec les dieux divins.*

À la fin du premier Jour J'ai dit : « C'est une bonne chose de faite ! »

---

est et pourquoi elle a été...

[60]. Les théologiens n'expliquent pas pourquoi et comment Dieu a créé la lumière, donc l'Univers.

2ème Jour : J'ai créé le firmament

*J'ai créé le **firmament**[61] pendant la deuxième étape de la création de l'Univers, au **deuxième Jour**.*

*J'ai dit : « Le firmament sera une coupure dans la lumière, une séparation, une fracture. Il la divisera en deux, en deux parties inégales et concentriques : en **lumière supérieure** d'un côté et en **lumière inférieure** de l'autre. Il apparaîtra entre les deux comme surgit de nulle part. Il sera entre les deux comme une frontière, comme un no man's land. **Il symbolisera la rupture désormais réelle entre le monde divin et le monde non divin. La lumière supérieure symbolisera le monde des dieux divins et la lumière inférieure celui des dieux non divins.** »*

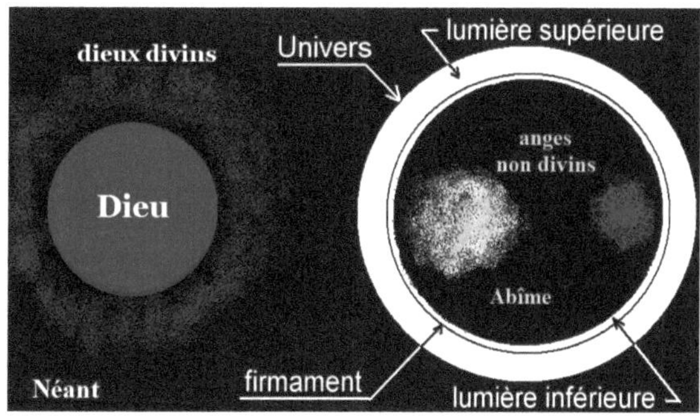

Sous Mes ordres, la lumière se coupa en deux. Le firmament apparut entre les deux, entre la lumière inférieure et la lumière supérieure. Il fut comme une fracture entre les deux. Il divisa le symbole de l'ensemble des dieux en deux ; il sépara le symbole du monde divin du symbole du monde non divin.

La lumière supérieure engloba la lumière inférieure. Ceci pour symboliser le fait que les dieux divins à l'extérieur de l'Univers englobent les anges non divins à l'intérieur de l'Univers.

La lumière supérieure fut créée en quantité beaucoup plus grande que la la lumière inférieure. Ceci pour symboliser le fait que les dieux divins sont beaucoup plus nombreux et puissants que les anges non divins.

---

[61]. Genèse 1:6-8. Le mot *firmament* vient du latin *firmare* « rendre ferme, solide ». Certains traduisent le mot *firmament* par étendue. *Dieu dit: Qu'il y ait une étendue entre les eaux, et qu'elle sépare les eaux d'avec les eaux. Et Dieu fit l'étendue, et il sépara les eaux qui sont au-dessous de l'étendue d'avec les eaux qui sont au-dessus de l'étendue. Et cela fut ainsi.* Le firmament fut la séparation entre les eaux supérieures, la lumière supérieure, le symbole du monde des dieux divins, et les eaux inférieures, la lumière inférieure, le symbole du monde des anges non divins.

J'ai appelé le firmament **ciel**[62].

<u>Voici le message matériel de la deuxième étape de la création de l'Univers</u> : J'ai créé le firmament pour diviser la lumière en deux, pour créer deux lumières : la lumière supérieure et la lumière inférieure.

<u>Voici le message spirituel du deuxième Jour</u> : J'ai créé le firmament dans la lumière pour symboliser dans l'Univers la rupture des dieux. J'ai divisé la lumière en deux pour symboliser la séparation des dieux en deux. J'ai créé deux lumières à partir de la première pour symboliser d'un côté le monde des dieux divins avec la lumière supérieure et de l'autre le monde des anges non divins avec la lumière inférieure.

À la fin du deuxième Jour J'ai dit : « C'est une bonne chose de faite ! »

3ème Jour : J'ai créé la Terre

---

[62]. Genèse 1:8 : *Dieu appela l'étendue ciel.*

*J'ai créé la **Terre** pendant la troisième étape de la création de l'Univers, au* **troisième Jour**.

J'ai pensé : « Les dieux non divins se sont séparés et se sont éloignés des dieux divins, la lumière inférieure, le symbole du monde non divin, doit donc se séparer et s'éloigner de la lumière supérieure[63], le symbole du monde divin. »

Alors J'ai dit : « Que la lumière inférieure se sépare et s'éloigne de la lumière supérieure en s'effondrant sur elle-même. Qu'en s'effondrant sur elle-même elle se concentre ! Qu'en se concentrant elle se contracte ! Qu'en se contractant elle offre plus de place au ciel et que le ciel en se dilatant entre les deux lumières soit en expansion[64]. »

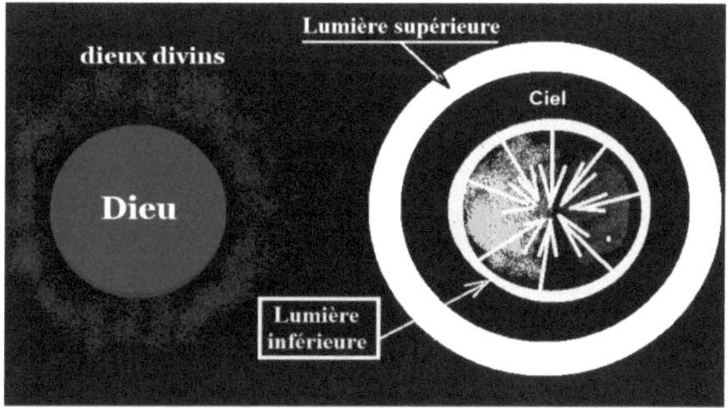

Alors, sous Mon ordre, la lumière inférieure s'écarta de la lumière supérieure en s'effondrant sur elle-même. Elle s'en éloigna en s'enroulant sur elle-même. Elle

---

[63]. Genèse 1:9.

[64]. L'expression « *expansion du ciel* » ne signifie pas « *expansion de l'Univers* ». Le *ciel* n'est pas l'*Univers*. En s'appuyant sur la théorie du Big Bang, sur l'hypothétique expansion de l'Univers, sur le taux d'expansion et sur les équations de Friedmann-Lemaître, les scientifiques ont estimé l'**âge de l'Univers** à environ 13,7 milliards d'années.

Après avoir énoncé sa théorie de la relativité générale en 1915, Albert Einstein proposa en 1917 un modèle cosmologique conforme à sa théorie, nommé "l'Univers d'Einstein", un Univers statique, homogène et isotrope, immuable, éternel et sphérique. Einstein écrivit le 23 mai 1923 une carte-postale adressée au mathématicien Weyl : « *Si l'Univers n'est pas quasi-statique, alors au diable la constante cosmologique !* » En écrivant que l'Univers est quasi-statique Einstein affirme qu'il n'est pas en expansion. En 1927, la loi Hubble-Lemaître contrecarra le modèle d'Einstein. Les partisans de la théorie de l'expansion de l'Univers s'opposèrent alors à Einstein. Voyant que la majorité des scientifiques s'opposait à lui Einstein fit volte-face et reconnut s'être trompé. En 1933, il écrivit que l'hypothèse de la constante cosmologique qu'il prônait était la plus grande erreur de sa vie. Mais, la science humaine qui est contradictoire réserve des surprises : trois quarts de siècle plus tard, l'hypothèse d'une forme d'énergie semblable à celle de la constante cosmologique d'Einstein est désormais quasiment admise par l'ensemble des scientifiques. Les travaux de Segal (décédé en 1998) cherchèrent à réhabiliter le modèle d'Einstein. Depuis la mort d'Einstein en 1955, les modèles cosmologiques basés sur l'expansion se sont succédés sans faire l'unanimité.

convergea ainsi vers le centre de l'Univers. En se réduisant, sa texture et sa structure changèrent, et des forces fondamentales[65], des rayonnements ionisants, des particules élémentaires, des noyaux atomiques, des atomes, des molécules[66] se produisirent en elle. En se concentrant, elle devint de plus en plus ferme, de plus en plus compacte. Elle se solidifia. Elle s'amassa en une boule, puis en une bille, enfin en un grain. Ce grain, ce lieu[67], Je l'ai appelé Terre[68]. »

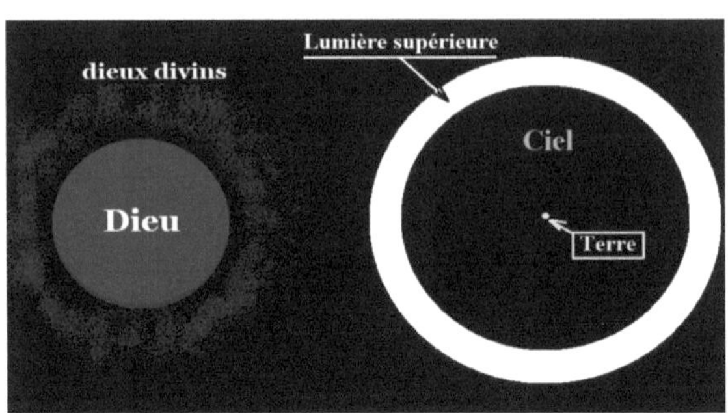

*Alors J'ai dit : « **Que la Terre, ce grain de lumière inférieure concentrée au milieu du ciel, symbolise le territoire des anges non divins.** »*

*J'ai ajouté : « **Que le ciel[69], cet espace vide entre la Terre et la lumière supérieure, symbolise le fossé qui s'est creusé entre le monde divin et le monde non divin[70].** »*

J'ai encore ajouté : « Qu'au bout du ciel, la lumière supérieure, uniforme et

---

[65]. Les scientifiques disent que l'Univers serait gouverné par quatre forces fondamentales : la force forte, la force faible, la force électromagnétique et la force gravitationnelle.

[66]. En physique des particules, les scientifiques parlent de **nucléosynthèse primordiale** pour expliquer l'apparition des particules élémentaires, photons, fermions, électrons, bosons, gluons, hadrons, baryons, mésons, protons, neutrons, nucléons, quarks et de **nucléosynthèse stellaire** pour expliquer la fusion des atomes et la formation des molécules.

[67]. Genèse 1:9.

[68]. Genèse 1:10. L'**âge de la Terre** serait, selon les connaissances scientifiques actuelles, de 4,54 milliards d'années. Mais que penser de la vérité scientifique ? « *L'idée que la science peut et doit être organisée selon des règles à la fois fixes et universelles est utopique et pernicieuse* » (Paul Feyerabend). La science est-elle vraie ? Faut-il croire la science ? Ce qui est scientifique est-il toujours vrai ? Les sciences disent-elles la vérité ? *Si la vérité est la connaissance de ce qui est, elle ne peut pas être l'objet des sciences.*

[69]. Le ciel et la Terre ont donc le même âge.

[70]. Le nom *Terre* dérive du terme latin "terra" qui signifie «terre», «solide», «ferme». La divinité latine *Terre* est liée à la divinité grecque *Gaïa* (du grec ancien Γαῖα / *Gaîa* ou Γαίη / *Gaîê*) ou *Gê* (du grec ancien Γῆ / *Gê*, «Terre»). Dans la mythologie grecque, *Gaïa*, la «*Déesse mère*», la «*Déesse primordiale*», est l'ancêtre maternelle des races divines. L'expansion du ciel ne fut possible que grâce aux contractions successives de *Gaïa*. Dans la mythologie grecque *Gaïa* donna naissance au *ciel*, elle est la mère d'*Ouranos*. Le mot *Ouranos*, du grec Οὐρανός/*Ouranós*, signifie "firmament", "ciel".

opaque, reste inchangée et qu'elle soit inaccessible de la Terre. »

J'ai enfin dit : « Que l'Abîme, qui est au centre de la Terre, soit réduit en bouillie ; qu'il se transforme en fournaise[71] avec en elle des températures et des pressions extrêmes. Que les anges non divins qui y sont entassés, y soient compressés. Que ce soit pour eux leur deuxième descente aux enfers[72]. »

Ensuite, J'ai ordonné à la lumière inférieure de cesser de s'effondrer sur elle-même, de se réduire[73]. Alors le ciel cessa son expansion. La Terre, immobile et isolée dans l'immensité du ciel, au centre de l'Univers, s'éteignit : elle n'émit plus aucune lumière[74].

Je le dis : « Les anges non divins ne restèrent pas longtemps comprimés dans l'Abîme de la Terre, dans l'enfer de la Terre. Très vite, ils s'en extirpèrent en quittant le noyau de la Terre. Puis, ils traversèrent son manteau. Ensuite son écorce. Enfin, ils arrivèrent à sa surface. À sa surface, les anges diaboliques se regroupèrent ; les anges indécis aussi. Les anges diaboliques prirent les deux tiers de la surface ; les anges indécis se contentèrent de la surface restante[75].

*Alors J'ai dit : « <u>Qu'un **continent** paraisse ; qu'il émerge ; qu'il surgisse à la surface de la Terre[76], **qu'il symbolise la montée des anges indécis du centre de la Terre, qu'il symbolise le territoire des anges indécis à la surface de la Terre, qu'il symbolise la foule des anges indécis**</u>. »*

*Puis J'ai dit : « <u>Qu'un **flux**[77] monte de la Terre ; qu'il jaillisse du centre de la</u>*

---

[71]. Apocalypse 9:2.

[72]. Le mot *enfer*, du latin « *infernus* », signifie « *qui est en dessous* » « *le lieu d'en-bas* ». Le mot *infernum*, qui dérive de infernus, signifie « *d'en bas, d'une région inférieure* », mais aussi « *infernal, sous terre, des enfers* ».

[73]. Lors de la formation de la Terre ce fut la fusion de l'hydrogène, puis celle de l'hélium, puis celle du carbone, puis celle de l'azote, puis celle de l'oxygène, puis celle du silicium et enfin celle du fer. Ce n'est pas par hasard si la Terre est essentiellement composée de fer, d'oxygène, de silicium et de magnésium.

[74]. Une planète n'émet pas de lumière. Une planète, par définition, est un "objet céleste compact, dépourvu de réactions thermonucléaire (ou anciennement : sans lumière propre)".

[75]. L'influence diabolique étant plus forte que l'influence indécise, il convenait que la surface occupée par les anges diaboliques soit plus grande que la surface occupée par les anges indécis.

[76]. Genèse 1:9. Le mot *continent* vient du latin *continere,* « tenir ensemble », maintenir uni, relié, ou *continens terra*, les « terres continues ». Lors du refroidissement de la planète, après sa formation, les scientifiques estiment que la croûte terrestre s'est rapidement formée et s'est transformée en continent.

[77]. Genèse 2:6. Un flux est par définition un écoulement, un mouvement, un déplacement.

*Terre ; qu'il **symbolise la montée des anges diaboliques du centre de la Terre ;** que ce flux retombe en pluies*[78] *; que les pluies lessivent le continent ; qu'elles s'écoulent et s'amassent ; **que l'amas de ces eaux symbolise le territoire des anges diaboliques à la surface de la Terre, qu'il symbolise la foule des anges diaboliques**.* »

*J'ai appelé le continent **terre**[79].*

*J'ai appelé l'amas des eaux **mer**[80].*

J'ai créé la terre et la mer

<u>J'ai créé la mer</u>, tempétueuse et froide, pour symboliser le territoire du monde diabolique qui est plein d'agitation et de trouble. *J'ai voulu qu'elle soit le niveau le plus bas vu du ciel et le plus éloigné de la lumière supérieure pour symboliser le monde diabolique qui est le monde le plus bas et le plus éloigné du monde divin.*

Conscients du symbolisme de la mer, les anges diaboliques en prirent possession ; les plus diaboliques s'enfoncèrent dans les abysses ; les moins diaboliques colonisèrent le plateau continental et le rivage.

<u>J'ai créé la terre</u>, tempérée et tiède, pour symboliser le territoire du monde indécis qui est ni très chaud ni très froid et sans ferveur. *J'ai voulu qu'elle soit entre le ciel et la mer pour symboliser le monde indécis qui est le monde à mi-chemin entre le monde divin et le monde diabolique*[81].

Conscients du symbolisme de la terre, les anges indécis en prirent possession ; les plus attirés par le divin escaladèrent les montagnes ; les plus attirés par le diabolique arpentèrent le littoral.

---

[78]. Genèse 2:6. Les scientifiques sont à ce jour encore divisés sur l'origine de l'eau sur Terre. Les uns veulent que l'eau soit venue des chondrites carbonées, des comètes et des astéroïdes riches en eau qui se seraient écrasés sur Terre après sa période d'accrétion. Les autres veulent que l'eau soit montée de l'intérieur de la Terre jusqu'à sa surface par dégazage de son manteau et qu'elle s'en soit échappée sous forme de vapeur d'eau, et ensuite que la vapeur d'eau se soit concentrée dans l'atmosphère en une épaisse couche nuageuse autour de la Terre, avant de s'abattre sur Terre en pluies torrentielles. Ces pluies ont alors lessivé le sol et se sont écoulées et amassées pour former la mer.

[79]. Genèse 1: 9. Certains traduisent le mot *continent* par *sec. Que le sec paraisse. Et cela fut ainsi. Dieu appela le sec terre.*

[80]. Genèse 1:10. La mer est par définition une vaste étendue d'eau, une masse d'eau, un amas des eaux, un océan.

[81]. La mythologie grecque raconte que Gaïa engendra seule Ouréa, le continent (en grec ancien Οὔρεα/*Oúrea*, «les montagnes», de οὖρος / *oúros* ou ὄρος / *óros*, «montagne»). Elle raconte aussi aussi que Gaïa engendra seule Pontos, la mer (en grec ancien Πόντος/*Póntos*, «le flot»). Les mythologies grecque et biblique ont de nombreux points communs.

J'ai créé les végétaux

Les anges non divins émettaient des états d'esprit, des humeurs, des émotions, des pensées.

J'ai pensé : « Je vais les symboliser sur Terre. »

*Alors J'ai dit : « **Je crée les végétaux pour symboliser sur Terre les états d'esprit, les humeurs, les émotions et les pensées des anges non divins**. »*

Je le dis : « J'ai créé les végétaux à partir de la matière terrestre, à partir du sol, à partir de la matière minérale. J'ai transformé la matière inorganique en matière organique. J'ai fait la matière végétale « vivante » à partir de la matière morte. »

J'ai alors dit : « Que la verdure[82] envahisse la terre et la mer ! Qu'elle donne l'impression d'être « vivante » bien qu'en réalité elle n'est qu'un semblant de vie, qu'une apparence de vie[83] [84] ! »

---

[82]. Genèse 1:11. *Dieu dit: Que la terre produise de la verdure, de l'herbe portant de la semence, des arbres fruitiers donnant du fruit selon leur espèce et ayant en eux leur semence sur la terre. Et cela fut ainsi...*

[83]. La matière végétale qui est de la matière terrestre transformée est donc de l'anti-esprit transformé. Elle n'est qu'une combinaison d'atomes, en particulier d'atomes de carbone, d'hydrogène, d'oxygène et d'azote, assemblés en composés organiques, en résidus, en oligopeptides, en peptides, en polypeptides, en acides aminés, en protéines, en molécules organiques, en bactéries, en cellules végétales, en tissus végétaux... Mortelle, La « vie végétale » ne peut donc être tout au plus qu'un semblant de vie, qu'une apparence de vie.

[84]. Aujourd'hui, les biologistes (*biologie* du grec *bios* « vie » et du grec *logos*, « discours ») n'interrogent plus la « vie ».
« On n'interroge plus la vie aujourd'hui dans les laboratoires. On ne cherche plus à en cerner les contours... C'est aux algorithmes du monde vivant que s'intéresse aujourd'hui la biologie.» (François Jacob, prix Nobel de physiologie et de médecine (1965), docteur honoris causa de l'Université de Chicago, du Mount Sinaï Medical Center de New York, de l'Université Humboldt de Berlin, des Universités de Bruxelles, de Barcelone, de l'Institut Weizmann d'Israël, de l'Université Rockefeller de New York, des Universités d'Oxford, de Rome, de Lisbonne, de Bologne, d'Harvard, d'Athènes, de Crète, de Montréal, de Valence, de Madrid, d'Istanbul).
«L'objet de la biologie est physico-chimique. À partir du moment où l'on fait de la biochimie et de la biophysique, et où l'on comprend les mécanismes physico-chimiques qui rendent compte des propriétés des êtres vivants, alors la vie s'évanouit ! Aujourd'hui, un biologiste moléculaire n'a pas à utiliser pour son travail le mot «vie». Cela s'explique historiquement : il s'occupe d'une chimie qui existe dans la nature, dans un certain nombre de systèmes physico-chimiques particuliers, aux propriétés spécifiques, appelés animaux ou plantes, c'est tout !» (Henri Atlan, membre, de 1983 à 2000, du Comité consultatif d'éthique (CCNE) en France pour les sciences de la vie et de la santé, et professeur émérite de biophysique et directeur du centre de recherche en biologie humaine de l'hôpital universitaire d'Hadassah, à Jérusalem).
Les biologistes ne s'occupent pas de savoir ce qu'est la vie, ni d'où elle vient, ni pourquoi elle est là, ni si elle a un sens, ni de savoir ce qu'il adviendra d'elle. Ils ne s'intéressent qu'à la chimie, qu'à la physique, qu'à la « vie matérielle », qu'à la « vie biologique », qu'à la « vie des

*Ensuite J'ai dit : « Je créé autant de végétaux qu'il y a d'états d'esprits non divins. **Que chaque végétal selon sa famille, son genre, son espèce et sa variété représente sur Terre un état d'esprit non divin. <u>Que les végétaux marins symbolisent les états d'esprit diaboliques. Que les végétaux terrestres symbolisent les états d'esprit indécis</u>**[85]. »*

*<u>**Voici le message matériel de la troisième étape de la création de l'Univers**</u> : J'ai réduit la lumière inférieure pour créer la Terre ; en la réduisant J'ai dilaté le ciel. En dilatant le ciel, J'ai éloigné la Terre de la lumière supérieure. Sur Terre, J'ai créé la mer et la terre et les végétaux.*

*<u>**Voici le message spirituel du troisième Jour**</u> : J'ai créé la Terre pour symboliser le territoire des anges non divins dans l'Univers. Je l'ai créée toute petite car le potentiel spirituel non divin est tout petit. J'ai créé le ciel immense car le fossé entre le monde divin et le monde non divin est immense. J'ai créé la mer pour symboliser sur Terre le territoire des anges diaboliques. J'ai créé la terre pour symboliser sur Terre le territoire des anges indécis. J'ai créé les végétaux pour symboliser les états d'esprit des anges non divins[86].*

À la fin du troisième Jour J'ai dit : « C'est une bonne chose de faite ! »

4ème Jour : J'ai créé les étoiles

*J'ai créé les **étoiles** pendant la quatrième étape de la création de l'Univers, au début du **quatrième Jour**.*

---

organismes », qu'à « la vie des corps mortels », qu'à la « vie des images », qu'à la « vie apparente », qu'à la « vie qui naît et qui meurt », qu'au « semblant de vie », qu'à ce qui débouche sur la mort. Ils disent vouloir sauver des vies. Tous les corps sont mortels. Tous les corps sont voués à la mort. Ils ne s'intéressent pas à la Vie, la vraie, la Vie spirituelle, la « Vie qui vit », la Vie éternelle, celle de l'esprit, celle des esprits, celle de l'Esprit, celle des anges, celle des dieux, celle de Dieu. Ils ne s'intéressent qu'à la chimie, qu'aux virus pour vendre des vaccins.

[85]. Les végétaux primordiaux ne s'élevèrent pas vers le ciel car en ce temps-là le phototropisme était inexistant puisque la lumière supérieure était lointaine et ne se propageait pas jusqu'à la Terre.

[86]. Les théologiens ne savent pas pourquoi Dieu a créé la Terre avant les étoiles. Ils ne connaissent pas le symbolisme de la terre et de la mer. Il ne savent pas pourquoi et comment Dieu a créé les végétaux et ce que les végétaux symbolisent.

Que celui qui a des oreilles pour entendre entende ce que Je dis : « Je n'aurais jamais pu créer les étoiles sans le concours des dieux divins. »

Je ai dit aux dieux divins avant de créer les étoiles : « Vous, les dieux divins, vous qui êtes avec Moi, hors de l'Univers, vous le savez, Je vous l'ai déjà dit : Je n'irai jamais dans l'Univers[87]. Je n'irai jamais dans l'Univers parce qu'il est trop petit pour Moi. Il est fini et limité. Je n'aime pas ce qui est petit, fini et limité. Je ne Me sens pas bien dans un espace exigu. Je ne Me sens pas libre dans un espace fermé. Je ne suis bien que dans un Espace ouvert. Je n'ai pas créé l'Univers pour M'y enfermer. Voit-on un créateur se mettre dans sa création ? Voit-on un sculpteur s'emprisonner dans sa sculpture ? J'aime trop la liberté pour aller là où la Liberté n'est pas. Je n'irai jamais dans l'Univers parce qu'il est matériel. Il est fait d'anti-esprit. Je préfère, et de loin, l'esprit à l'anti-esprit. Entre le spirituel et le matériel, Je choisis le spirituel. Je n'irai jamais dans l'Univers parce qu'il n'est pas pour Moi : Je l'ai créé pour les anges non divins. Je ne l'ai pas créé pour Moi mais pour eux. Pourquoi irai-Je vivre au milieu d'eux puisqu'ils ne M'aiment pas ? Pourquoi Me parfumerai-Je de leur états d'esprit nauséabonds ? Je n'irai jamais dans l'Univers parce que c'est le monde d'en-bas. Moi, Je suis du monde d'en-haut. Je suis le Très-Haut. Qu'irai-Je faire dans l'enfer de l'Univers, là où règne le mensonge, la haine et la violence ? Je ne veux régner que là où est la « félicité suprême », l'Amour et la Paix. L'Amour et la Paix ne sont pas et ne seront jamais dans l'Univers. »

*Je leur ai ensuite dit : « Mais, vous, les dieux divins, vous qui n'êtes pas Moi, vous qui n'avez pas créé l'Univers, vous qui n'avez jamais dit « Je n'irai jamais dans l'Univers ». rien ne vous empêche d'y aller. Il est suffisamment grand pour vous ! Rien ne vous empêche d'y devenir momentanément des **anges divins** . Vous y afficheriez la volonté divine. Vous pourriez y transmettre le message divin. Vous pourriez aider les anges non divins à revenir vers Moi, vers nous. Qui sait, peut-être vous écouteraient-ils mieux que Moi ? Vous que J'aime, vous qui êtes divins, Je ne vous interdis pas d'y aller. Au contraire. Une fois dedans vous pourrez en sortir à votre guise et y rentrer à nouveau si ça vous chante. Sachez-le, que vous restiez dieux divins ou que vous deveniez anges divins Je serai toujours avec vous. Je ne vous quitterai pas. Je demeurerai toujours avec vous. Je ferai toujours un avec vous par l'esprit, Je vous aimerai toujours, éternellement ! »*

Les dieux divins furent heureux de M'entendre parler ainsi. Forts de Mon agrément, ils furent très nombreux à vouloir entrer dans l'Univers. Ceux qui voulurent y entrer y entrèrent librement. Ils pénétrèrent dans la lumière supérieure

---

[87]. Voir page 12.

*et y devinrent des **anges divins**.*

*Le monde divin eut dès lors deux visages : celui des dieux divins et celui des anges divins. Pour symboliser cela <u>J'ai ordonné à la lumière supérieure de se diviser en deux parties distinctes et concentriques : en **lumière supérieure externe d'un côté pour représenter le monde des dieux divins et en lumière supérieure interne pour représenter le monde des anges divins**</u>.*

<u>Les anges divins se positionnèrent alors dans la lumière supérieure interne, leur nouveau symbole</u>.

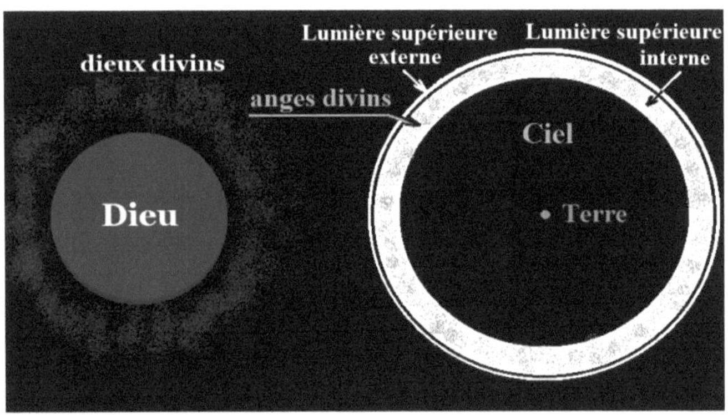

<u>La lumière supérieure externe englobait la lumière supérieure interne. Elle était le passage obligé entre l'extérieur et l'intérieur de l'Univers. Elle était la nouvelle limite externe de l'Univers</u>[88]. Les dieux divins qui voulaient devenir des anges divins la traversaient de l'extérieur vers l'intérieur et les anges divins qui voulaient revenir vers Moi la traversaient dans l'autre sens.

*Ensuite J'ai pensé : « Pourquoi ne représenterai-Je pas individuellement les **anges divins** dans la lumière supérieure interne ? C'est une bonne idée ! »*

*Alors J'ai dit : « <u>**Que la lumière supérieure interne se brise en autant de morceaux qu'il y a d'anges divins dedans pour que chaque morceau de lumière**</u>*

---

[88]. Depuis le début du *quatrième Jour*, la lumière supérieure externe est le fond diffus cosmologique. En 1948, George Gamow, Ralph Alpher et Robert Herman prédirent l'existence du fond diffus cosmologique. Le 20 mai 1964, les physiciens américains Arno Penzias et Robert Woodrow Wilson démontrèrent sans ambiguïté son existence. Le CMB, *Cosmic Microwave Background*, est le rayonnement fossile, le rayonnement électromagnétique très homogène, observé dans toutes les directions du ciel. Son pic d'émission est dans le domaine des micro-ondes.

Pour individualiser les anges divins, J'ai ensuite dit : « Que les morceaux de lumière supérieure interne s'effondrent sur eux-mêmes, sur leur centre de gravité. Qu'ils se réduise chacun à son rythme[89]. Que le ciel s'imbrique entre eux. »

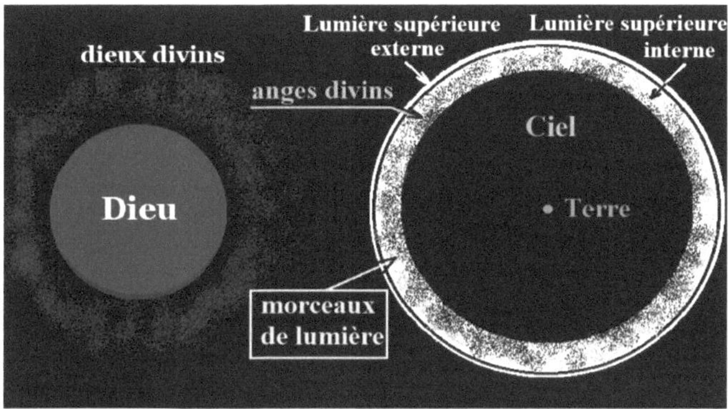

Alors la lumière supérieure interne s'exécuta. Elle se brisa en autant de morceaux de lumière qu'il y avait d'anges divins en elle. Les morceaux de lumière s'effondrèrent sur eux-mêmes chacun à son rythme et le ciel s'imbriqua entre eux[90]. Ils donnèrent l'impression de s'éloigner les uns des autres dans toutes les directions. Mais, ce ne fut qu'une impression ; en réalité, ils ne s'éloignèrent pas

---

[89]. La nucléosynthèse stellaire explique la formation des étoiles. La formation des étoiles est due aux fusions successives de l'hydrogène, de l'hélium, du carbone, du néon, de l'oxygène, etc... En physique nucléaire, la fusion est la combinaison de deux nucléides formant un noyau de masse plus importante avec un important dégagement d'énergie. Les noyaux fusionnèrent quand les morceaux de lumière supérieure interne s'effondrèrent sur eux-mêmes.

[90]. Le schéma ci-dessous montre en quatre phases successives l'effondrement de six morceaux de lumière supérieure interne sur eux-mêmes.

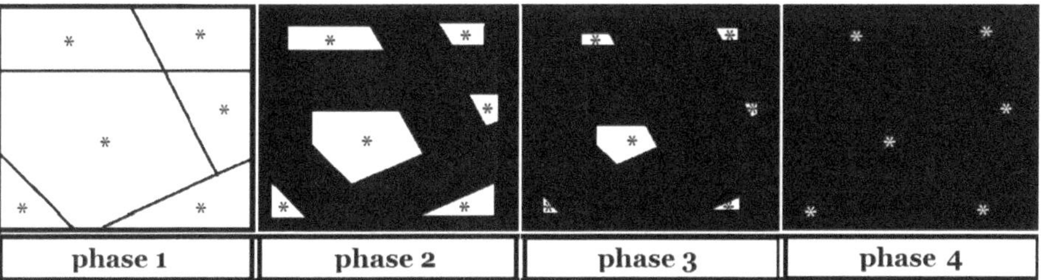

Les centres de gravité des six morceaux de lumière sont symbolisés par un aster. Le ciel est symbolisé en noir. Le ciel augmenta de volume au fur et à mesure que les six morceaux s'effondrèrent sur eux-mêmes sans que les centres de gravité des morceaux de lumière ne s'éloignent les uns des autres pendant leur effondrement. Il y eut expansion du ciel de l'Univers mais pas expansion de l'Univers.

les uns des autres[91] *puisque les centres de gravité restèrent à leur place.*

Je le dis : « En s'effondrant sur eux-mêmes, les morceaux de lumières se transformèrent en nébuleuses et en étoiles. »

*J'ai alors dit : « **<u>Que les étoiles et les nébuleuses symbolisent les anges divins dans le ciel de l'Univers</u>**. »*

Je le dis : « J'ai créé ce jour-là dans le ciel étoilé de l'Univers autant d'étoiles qu'il y avait d'anges divins[92]. *Depuis la création du système stellaire global, il y a toujours autant d'étoiles dans l'Univers qu'il y a d'anges divins dans le ciel étoilé pour la simple raison qu'à chaque fois qu'un ange divin quitte l'Univers une étoile meurt et qu'à chaque fois qu'un dieu divin entre dans l'Univers une étoile naît. Ce va-et-vient incessant d'anges et de dieux divins dans la lumière supérieure externe est un spectacle merveilleux. Le mouvement des anges divins produit une distribution d'énergie spirituelle. J'ai symbolisé cette distribution d'énergie spirituelle par une distribution d'énergie sous forme de masse entre les étoiles. C'est la distribution d'énergie de masse entre les étoiles qui a mis les étoiles en mouvement dans le ciel étoilé, qui a mis le ciel en mouvement, qui a fait que les étoiles s'entraînent sous les effets de la gravitation*[93], *qu'elles tournent sur elles-mêmes et les unes autour des autres. »*

Alors J'ai dit : « <u>Que le mouvement des étoiles symbolise la vie des anges divins dans le ciel étoilé</u>. Que les anges divins chevauchent leur étoile comme des cavaliers leur monture. Qu'ils s'organisent en armées célestes.

J'ai ensuite dit : « Que les étoiles, à l'image des anges divins, s'attirent, se rassemblent et s'amassent en nuages laiteux, en galaxies elliptiques, spirales,

---

[91]. *Il ne faut pas se fier aux apparences* (Oscar Wilde). *Les apparences sont souvent trompeuses.*

[92]. Les scientifiques estiment à 30 milliards de trillions, 10^{23}, le nombre des étoiles dans le ciel de l'Univers. Notre galaxie, la galaxie de la Voie Lactée, en contiendrait à elle seule environ 200 milliards. Des scientifiques se sont même amusés à démontrer que l'ordre de grandeur du nombre des grains de sable au bord de la mer est semblable à celui du nombre des étoiles dans le ciel.

[93]. Dans son livre ***Philosophiae naturalis principia mathematica***, publié en 1637, Isaac Newton décrit la *gravitation* ou *attraction universelle* comme une force responsable du mouvement des corps célestes et, de façon générale, de l'attraction entre les corps ayant une masse. ***La relativité générale*** énonce que la gravitation n'est pas une force mais la manifestation de la courbure de l'espace produite par la distribution de l'énergie sous forme de masse ou d'énergie cinétique qui diffère suivant le référentiel de l'observateur. Force ou pas force, la gravitation est responsable du mouvement des étoiles et des galaxies.

lenticulaires ou irrégulières[94]. »

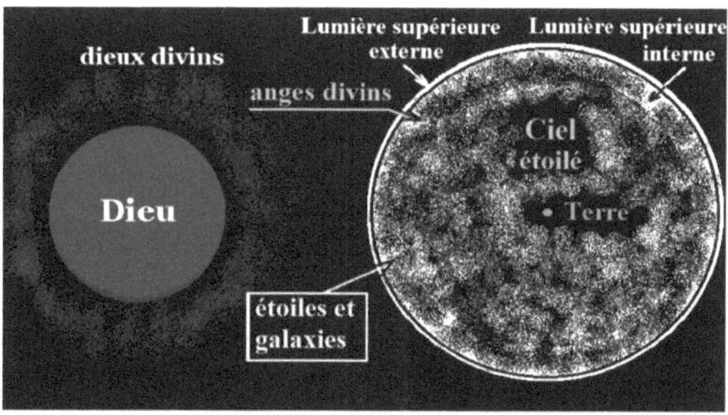

Sous Mon ordre les étoiles se rassemblèrent en galaxies. Les galaxies pendant leur formation donnèrent l'impression de s'éloigner les unes des autres dans toutes les directions. Mais ce ne fut encore qu'une impression, qu'un leurre. Elles ne s'éloignèrent pas les unes des autres. Au contraire, elles s'attirèrent et se groupèrent en amas et en superamas de galaxies[95]. Le ciel quant à lui s'imbriqua

---

94. Le mot « *galaxie* » provient du terme grec *ό γαλαξίας / ho galaxias, « laiteux* ». L'astronome américain Edwin Powell Hubble (1889-1953) observa en 1929 l'existence d'autres galaxies en dehors de notre galaxie (la Voie Lactée). Il observa un décalage vers le rouge du spectre de plusieurs galaxies. De là, il en déduisit que les galaxies s'éloignent les unes des autres dans toutes les directions à une vitesse proportionnelle à leur distance. Georges Lemaître, prêtre et astronome belge avait prédit la même chose deux ans auparavant. Depuis 1990, depuis qu'il est fonctionnel, le télescope Hubble a montré de nombreuses collisions et fusions de galaxies. Comment les galaxies peuvent-elles fusionner si elles s'éloignent les unes des autres ? Les scientifiques résolvent le problème en disant que l'expansion de l'Univers observable ne serait notable qu'à une échelle supérieure à une dizaine de millions d'années-lumière, en deçà, les forces gravitationnelles seraient supérieures à celle résultant de l'expansion, ainsi, en deçà, les collisions et les fusions de galaxies sont possibles. La collision future entre la galaxie spirale d'Andromède et la galaxie spirale de la Voie lactée confirmerait leurs dires. Les partisans de l'expansion de l'Univers s 'opposent aux partisans de la non expansion. Quoiqu'il en soit, les scientifiques estiment à quelques centaines de milliards (10^{11}) le nombre des galaxies de masse significative dans l'Univers, à 10 millions le nombre de superamas de galaxies, à 25 milliards le nombre d'amas de galaxies et à 350 milliards le nombre de grandes galaxies et à 7 000 milliards le nombre de galaxies naines.

95. Le schéma ci-dessous montre en quatre phases successives la formation de six galaxies à partir de six secteurs du ciel étoilé. Les centres de gravité des six secteurs du ciel étoilé sont symbolisés par un aster. Le ciel est symbolisé en noir. Le ciel augmenta de volume au fur et à mesure que les étoiles des secteurs étoilés se rassemblèrent et s'amassèrent en galaxies. Pendant la formation des galaxies, les centres de gravité des secteurs du ciel étoilé ne s'éloignèrent pas les uns des autres. Le ciel s'imbriqua entre les galaxies en formation ; il continua son expansion jusqu'à la lumière supérieure externe ; il n'alla pas plus loin. Il y eut encore cette fois-là expansion du ciel mais pas expansion de l'Univers.

et s'infiltra entre elles et entre les amas et les superamas de galaxies ; il s'étendit jusqu'à la lumière supérieure externe ; il ne put pas aller plus loin ; il termina ce Jour-là son expansion[96].

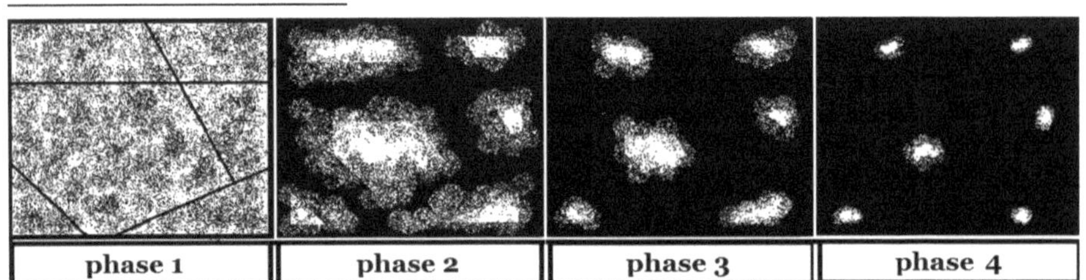

[96]. **La théorie du Big Bang** repose sur l'idée d'expansion. Le concept d'expansion de l'Univers n'a à ce jour jamais été observé ni démontré, De très nombreux scientifiques contestent la théorie du Big bang. En 2004, trente-trois scientifiques de réputation internationale signèrent *Une lettre ouverte à la communauté scientifique Cosmology Statement.org* (Published in New Scientist, May 22-28 issue, 2004, p. 20) dans laquelle ils mirent à mal la théorie du Big Bang. Cette lettre commence par ces mots : *"Aujourd'hui, la théorie du Big Bang dépend d'un nombre croissant d'entités hypothétiques, de choses que nous n'avons jamais observées, l'expansion, la matière noire, l'énergie noire en sont les meilleurs exemples. Sans elles, il y aurait une contradiction fatale entre les observations faites par les astronomes et les prédictions de la théorie du Big Bang. Aucun autre domaine de la physique n'accepterait ce recours perpétuel à de nouvelles hypothèses reconnues afin de connecter le fossé entre la théorie et l'observation. Ceci produirait au moins DE SERIEUSES QUESTIONS À PROPOS DE LA VALIDITE DE LA THEORIE SOUS-JACENTE. La théorie du Big Bang survit grâce à ces facteurs correctifs. Sans l'hypothèse du champ d'expansion, le Big Bang ne prévoit pas le fond de radiation isotropique cosmique qui est observé, parce qu'il n'y aurait aucun moyen pour des parties de l'Univers qui sont maintenant éloignées de juste quelques degrés dans le ciel d'être à la même température et ainsi d'émettre la même quantité de radiation micro-onde. Sans une certaine forme de matière noire, à l'encontre de ce que nous avons observé sur Terre malgré 20 années d'expériences, la théorie du Big Bang établit des prédictions contradictoires concernant la densité de la matière dans l'Univers. L'expansion demande une densité 20 fois supérieure à celle qui serait impliquée dans la nucléo-synthèse du Big Bang, qui constitue l'explication par la théorie de l'origine des éléments de lumière. Sans l'énergie noire, la théorie prédit que l'Univers ne serait vieux que de 8 milliards d'années, ce qui est des milliards d'années plus jeune que beaucoup d'étoiles dans notre galaxie. De plus, la théorie du Big Bang ne peut donner aucune prédiction quantitative qui puisse être vérifiée ensuite par l'observation. Les succès clamés par les supporteurs de la théorie consiste en l'habileté à faire coïncider rétrospectivement des observations avec un nombre augmentant sans cesse de paramètres ajustables..."*
Les scientifiques estiment que la matière transparente hypothétique, appelée aussi matière noire, représenterait plus de 80 % de la matière contenue dans l'Univers (*Pour la science, Hors-série n°97, p.26*), et que l'énergie transparente hypothétique, appelée aussi énergie noire, représenterait environ 68 % de la densité d'énergie totale de l'Univers, et que l'Univers serait composé de 5% de matière visible, de 23% de matière noire, et de 72% d'énergie noire (Alain Boudet, Docteur en Sciences Physiques, 2015).
Les scientifiques estiment à 6×10^{24} kg la masse de la Terre, à 2×10^{30} kg la masse du système solaire et à 2×10^{53} kg la masse baryonique de l'Univers.

J'ai alors fait exploser la Terre

J'ai pensé : « Si Je veux que le cinquième et le sixième Jour se passent comme Je l'ai prévu, Je dois mettre momentanément les anges indécis et diaboliques en dehors de la Terre. Pour le faire, Je n'ai pas d'autre choix que de faire exploser la Terre. »

Alors J'ai dit : « Que le Soleil[97], l'étoile la plus proche de la Terre, qui tourne sur lui-même, entraîne la Terre dans son mouvement. Que par l'effet croissant de la force d'attraction et de la force centrifuge les vitesses de rotation et de révolution de la Terre augmentent. Que la Terre alors se fissure. Qu'elle craque. ***Qu'elle explose ! Qu'elle éclate ! Qu'elle projette ses débris dans le ciel. Qu'elle les propulse dans l'espace.*** *»*

J'ai dit : « ***Je crée ainsi le système solaire ! Que la Terre accouche des monstres en s'unissant au ciel.*** *»*

Alors ***la Terre explosa*** *! Ce fut un beau feu d'artifice !*

---

[97]. Dans les années 1940, grâce aux équations de Friedmann qui composent la métrique (FLRW) (de Friedmann-Lemaître-Robertson-Walker), les scientifiques calculèrent le « taux d'expansion de l'Univers ». Les équations de Friedmann sont le fondement de la quasi-totalité des modèles cosmologiques actuels ; elles n'ont jamais été remises en question à ce jour. Le calcul du taux effectué, ils en conclurent que <u>la Terre était plus ancienne que le système stellaire et que Soleil étant plus jeune que la Terre la nébuleuse solaire n'avait pas pu donner naissance à la Terre.</u> Malgré l'exactitude du calcul, les scientifiques décrétèrent que le taux calculé qui conduisait à une sous-estimation de l'âge de l'Univers était surestimé ; alors ils le réévaluèrent et le baissèrent. Depuis, grâce à cette manipulation, ils estiment que la Terre et le Soleil ont quasiment le même âge : environ 4,5 milliards d'années.

Selon Anne Fagot-Largeault : *«Le chercheur honnête se gardera scrupuleusement de tricher, c'est-à-dire, de faire passer pour vraies, ou des affirmation irréfutables, ou des affirmations insuffisamment confirmées par l'expérience, quel que soit l'avantage qu'il pourrait en tirer (gloriole médiatique ou bénéfice financier)... Mais que cette exigence se relâche, et il n'y a plus de science.»*

«Tout n'est en somme qu'hypothèse et incertitude» (Alain Gerbault).

Symboliquement, la nébuleuse solaire n'a pas pu donner naissance à la Terre. Pour le démontrer il suffit de reconnaître que le divin n'a pas créé le non divin mais que le non divin s'est créé de lui-même en s'opposant au divin. Ainsi, le symbole divin, la nébuleuse solaire, issue de la lumière supérieure interne n'a pas pu donner naissance au symbole non divin, la Terre, issue de la lumière inférieure.

J'ai créé les planètes du système solaire

La Terre projeta dans l'espace, vers le Soleil, deux morceaux de son continent. Ainsi naquirent les planètes inférieures du système solaire, Mercure et Vénus[98]. Elle projeta aussi dans l'espace, vers les confins du système solaire, la presque totalité de sa mer et de ses entrailles. Ainsi naquirent les comètes, les météorites, les astéroïdes, les satellites et les planètes supérieures du système solaire : Neptune, Uranus, Saturne, Jupiter, Phaéton[99] et Mars, le placenta de la Terre, gorgé de fer, rouge de son sang, la planète rouge[100].

J'ai ensuite dit : « Que la Terre perde une dernière petite goutte, celle qui suinte entre ce qui reste de sa terre et de sa mer, et que cette dernière petite goutte se mette en orbite autour d'elle pour marquer les mois. »

Ainsi naquit la Lune[101].

---

[98]. Les scientifiques disent que les planètes Mercure et Vénus sont telluriques. *Tellurique*, du lat. *tellus, -uris* « terre », signifie *"qui provient de la Terre"*, *"relatif à la planète Terre"*. Donc les planètes Mercure et Vénus proviennent de la Terre.

[99]. Phaéton est le nom donné à la planète qui aurait orbité entre Mars et Jupiter et qui se serait disloquée pour donner naissance à la ceinture d'astéroïdes. En mars 2002, les scientifiques de la NASA John Chambers et Jack Lissauer lors de la 33e "Lunar and Planetary Science Conference", simulations à l'appui, affirmèrent qu'une telle planète aurait pu exister et qu'elle aurait eu une taille proche de celle de la Terre. Les scientifiques disent aussi que la planète Mars est tellurique, donc qu'elle provient de la Terre. Si les autres planètes supérieures du système solaire ne proviennent pas de la Terre, d'où proviennent-elles ? Pourquoi les planètes du système solaire avec leurs satellites, les astéroïdes, les comètes et les météorites ne seraient-elles pas toutes telluriques, *"relatives à la planète Terre"* ?

[100]. La planète Vénus et la planète Uranus tournent dans le sens indirect alors que les autres planètes tournent dans le sens direct. Ceci intrigue les scientifiques. L'axe de rotation d'Uranus fait un angle de près de 90° par rapport à l'axe perpendiculaire au plan de son orbite. Ceci intrigue aussi les scientifiques. L'explosion de la Terre d'origine permet de comprendre cela comme elle permet de comprendre l'origine des météorites ferreux, les orbites étranges des comètes et celles encore plus bizarres des astéroïdes géocroiseurs.

[101]. Les scientifiques sont perplexes car selon leur hypothèse que toutes les planètes du système solaire sont issues de la nébuleuse solaire elles devraient toutes avoir la même composition. Or ce n'est pas le cas : les planètes dites *telluriques* n'ont pas la même composition que les planètes dites *géantes gazeuses* ou *géantes glacées*. Alors pour s'extraire de cette situation embarrassante, de cette contradiction majeure, et pour comprendre l'origine des planètes du système solaire, ils se tournent vers les exoplanètes c'est-à-dire les planètes orbitant autour des étoiles autre que le Soleil. Ils pensent comprendre avec les exoplanètes qui sont très loin, à plus de 30 000 milliards de km de la Terre, ce qu'ils n'arrivent pas à comprendre avec les planètes du système solaire qui sont très près, à moins de 15 milliards de km. Au 2 août 2018, 3 815 exoplanètes avaient été confirmées dans 2 853 systèmes planétaires, dont 633 systèmes planétaires multiples. Plusieurs milliers d'exoplanètes supplémentaires sont en attente de confirmation. À partir des découvertes déjà effectuées, les scientifiques estiment qu'il existerait au moins 100 milliards de planètes rien que dans la Galaxie de la Voie Lactée. Mais, il y a un

J'ai encore dit : « Que la nouvelle petite Terre se mette en orbite autour du Soleil pour marquer les années et qu'elle tourne sur elle-même pour marquer les jours. »

J'ai expulsé les anges non divins sur les planètes du système solaire

J'ai dit : « **Que la Terre éjecte avec ses débris les anges non divins qui sont sur elle. Qu'elle les propulse dans le ciel du système solaire**[102]. **Que les anges non divins se retrouvent dans le Tartare, l'endroit le plus profond des enfers**[103].Que ce soit pour eux leur troisième descente au enfers. »

Alors les anges non divins furent projetés dans le ciel des planètes du système solaire. Les

---

gros problème : <u>la majorité des exoplanètes détectées auraient des caractéristiques très différentes des planètes du système solaire. Les modèles de formation du système solaire actuellement admis sont donc remis en cause.</u> Mais si les caractéristiques des planètes du système solaire sont différentes des caractéristiques des exoplanètes cela signifie que les planètes du système solaire n'ont pas la même origine que les exoplanètes. Cela s'explique lorsqu'on accepte l'idée que les planètes du système solaire ont pour origine la Terre, c'est-à-dire la lumière inférieure, alors que les exoplanètes ont pour origine les étoiles, c'est à dire la lumière supérieure interne. Les méthodes de détection des exoplanètes s'étant améliorées, les scientifiques concentrent maintenant leurs recherches sur les exoplanètes dont les caractéristiques seraient proches de celles de la Terre. Mais s'ils concentrent leurs recherches sur les exoplanètes dont les caractéristiques seraient proches de celles de la Terre, autant étudier les planètes du système solaire et donc revenir au point de départ.

[102]. La Théogonie d'Hésiode raconte que les Cyclopes, les Titans et les Titanides sont les enfants de Gaïa et d'Ouranos.

[103]. Dans la mythologie grecque, Tartare (en grec ancien Τάρταρος / *Tártaros*) est une région aride, brumeuse, sans vie et monotone avec parfois des étangs glacés, des lacs de soufre ou de poix bouillante. Ce lieu, entouré par des fleuves aux eaux boueuses, des marécages à l'odeur nauséabonde d'où personne ne s'échappe, soutient les fondements des terres et des mers. Dans cette vaste région s'élève le palais d'Hadès, le "maître des Enfers".

anges indécis se retrouvèrent sur les planètes inférieures et les anges diaboliques sur les planètes supérieures. Ce fut pou eux leur troisième descente aux enfers !

Alors J'ai dit : « Que le Diable trône sur Jupiter, la plus grosse des planètes. Que la Grande Tache Rouge[104] de Jupiter soit son trône. »

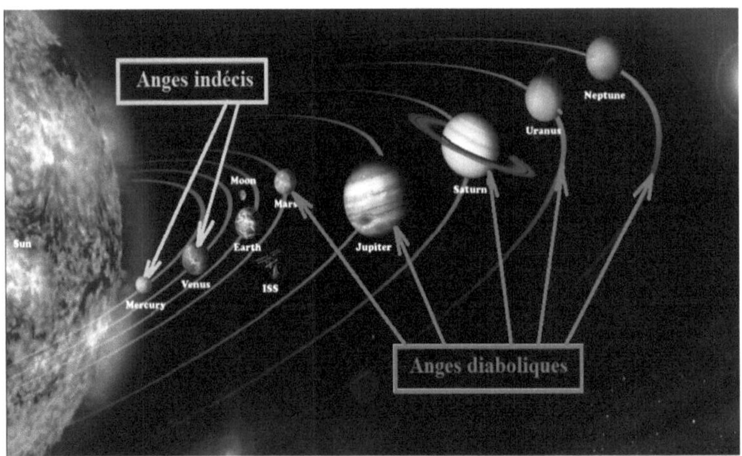

Après l'explosion de la Terre, les anges indécis et diaboliques recouvrirent peu à peu l'esprit. De leurs planètes respectives ils aperçurent à leurs pieds la nouvelle petite Terre, toute maigre, mais qui, bien que fluette, fut plus que jamais le centre de toutes leurs attentions. En effet, J'ai alors ordonné : « Qu'un nouveau continent se forme à la surface de la nouvelle petite Terre et qu'une nouvelle mer[105] remplisse les nouvelles fosses océaniques. »

---

[104]. La GTR, la Grande tâche rouge ressemble à un œil de cyclope.

[105]. Les scientifiques comparent l'eau cométaire à l'eau terrestre. L'eau cométaire est composée de 80 % d'eau (H_2O), suivi de monoxyde et dioxyde de carbone (CO et CO_2), de méthanol (CH_3OH), de formaldéhyde (H_2CO), d'ammoniac (NH_3), de sulfure d'hydrogène (H_2S), d'hydrocarbures (méthane CH_4, acétylène C_2H_2, éthane C_2H_6), de molécules soufrées, de cyanures et de molécules organiques plus complexes (source Sagascience, CNRS). Les scientifiques s'expliquent mal la présence de méthanol, de formaldéhyde, d'hydrocarbures et de molécules plus complexes dans l'eau cométaire. Ils mesurent aussi la proportion de deutérium dans l'eau (rapport deutérium/hydrogène). La concentration en deutérium est deux fois plus élevée dans l'eau cométaire que dans l'eau terrestre. De là, ils en concluent que l'eau terrestre actuelle n'est pas originaire des comètes. N'est-ce pas conclure un peu vite ? En supposant que l'eau cométaire proviendrait de l'explosion de la Terre initiale n'en déduirait-on pas tout simplement que l'eau de la nouvelle petite Terre composée de 96,5 % d'eau (H_2O) et de 3% de chlorure de sodium ($NaCl$) n'est plus celle de la Terre initiale ?

Puis J'ai dit : « Je créé sur Terre les chloroplastes, la chlorophylle et la photosynthèse[106]. Grâce à eux et à la nouvelle lumière solaire et à la nouvelle position de la nouvelle petite Terre dans le système solaire, Je crée de nouveaux végétaux ; Je les crée plus élaborés que ceux qui ont brûlé lors de l'explosion de la Terre initiale. »

Alors de nouveaux végétaux apparurent sur la terre et dans la mer. Les anges non divins virent ainsi sur petite Terre les nouveaux symboles de leurs états d'esprit.

<u>Voici le message matériel de la quatrième étape de la création de l'Univers</u> : J'ai créé deux nouvelles lumières à partir de la lumière supérieure : la lumière supérieure externe et la lumière supérieure interne. Avec cette dernière J'ai créé les étoiles. Je me suis ensuite servi du Soleil pour faire exploser la Terre. Je l'ai fait exploser pour créer les planètes du système solaire. Enfin, sur la nouvelle petite Terre, la Terre actuelle, J'ai créé une nouvelle mer et une nouvelle terre et de nouveaux végétaux[107].

<u>Voici le message spirituel du quatrième Jour</u> : En divisant la lumière supérieure, le symbole des dieux divins, J'ai pu créé le symbole des dieux divins restés avec Moi (la lumière supérieure externe) et celui du monde des anges divins (la lumière supérieure interne). J'ai créé les étoiles et les nébuleuses à partir de la lumière supérieure interne pour symboliser individuellement les anges divins. J'ai créé les planètes du système solaire pour y éjecter les anges non divins. Je les y ai éjectés pour qu'ils assistent dans les meilleures conditions aux cinquième et sixième étapes de Ma création. J'ai créé la nouvelle Terre plus petite avec un nouveau continent et une nouvelle mer pour pouvoir réaliser les créations des cinquième et sixième Jours dans les meilleures conditions. J'ai créé de nouveaux végétaux pour symboliser les états d'esprit des anges non divins sur les planètes du système solaire.

À la fin du quatrième Jour J'ai dit : « C'est une bonne chose de faite ! »

---

[106]. La photosynthèse (du grec φῶς *phōs* « lumière » et σύνθεσις *sýnthesis* « combinaison ») est le processus bioénergétique qui permet à des organismes (comme les bactéries photoautotrophes) de synthétiser de la matière organique en utilisant l'énergie lumineuse. La conversion de la lumière du Soleil en énergie chimique est l'un des plus importants processus biologiques sur Terre. Les enzymes permettent la fixation du CO_2 dans les cellules des plantes et la libération de l'oxygène dans l'air et dans l'eau. Les chloroplastes et la chlorophylle sont chez les végétaux comparables à ce que les hématies et l'hémoglobine sont chez les animaux. La sève est chez les végétaux comparable à ce que le sang est chez les animaux. La sève et le sang sont des liquides vitaux, des symboles de vie.
[107]. Les théologiens savent-ils pourquoi et comment Dieu a créé les étoiles et le système solaire ?

5ème Jour : J'ai créé les animaux marins et aériens

*J'ai créé les **animaux marins et aériens**[108] pendant la cinquième étape de la création de l'Univers, au **cinquième Jour**.*

*J'ai dit : « **Qu'ils symbolisent sur Terre les anges diaboliques qui sont dans le ciel des planètes supérieures du système solaire !** »*

J'ai dit : « J'ai expulsé les anges diaboliques sur les planètes supérieures du système solaire pendant le quatrième Jour pour que de là ils puissent assister dans les meilleures conditions au cinquième à la représentation de leurs propres images sur Terre et que de là ils ne puissent pas s'en prendre à elles. »

Je le dis : « J'ai créé les monstres[109] marins et aériens[110], les reptiles à « sang froid et les terribles dinosaures[111]. Je les ai créés à partir de la matière minérale comme les végétaux[112]. Je leur ai donné un « souffle », une haleine de « vie » pour les animer et pour symboliser le souffle et la vie des anges diaboliques. Je les ai fait respirer à l'aide de branchies, par la peau ou encore à l'aide de poumons pour qu'ils donnent l'impression d'être vivants. La « vie biologique » symbolise la vie spirituelle des anges diaboliques. La « vie biologique » qui a pour finalité la mort n'est qu'un semblant de vie[113]. J'ai dotée les espèces animales marines et

---

[108]. Le mot *animal* dérive du mot latin *animalis* «ce qui a vie», «être vivant doué de sensibilité et de mouvement», «animé», «qui est vivant», mais aussi du mot latin *anima* «souffle».

[109]. Un monstre est par définition un animal qui provoque la répulsion par sa laideur et sa difformité et qui suscite la crainte par sa cruauté et sa férocité.

[110]. Des chercheurs affirment que les reptiles actuels, crocodiliens, tortues, rhynchocéphales et squamates appartiennent à des lignées moins apparentées entre elles qu'avec d'autres lignées non « reptiliennes » comme les oiseaux : les crocodiliens par exemple sont plus proches des oiseaux que des lézards ou des tortues. Les phylogénies modernes placent les oiseaux dans le clade des dinosaures théropodes. Actuellement, la relation entre les dinosaures, les Archéoptéryx et les oiseaux modernes est toujours débattue.

[111]. Dinosaure : du grec ancien δεινός / *deinós* « terrible » et σαῦρος / *saûros* « lézard ».

[112]. La différence est minime entre un phytoplancton et un zooplancton. Les cellules animales et les cellules végétales ont des organisations assez similaires. Les animaux comme les végétaux ne sont que des images, que des symboles, que des illusions de vie, que des apparences de vie, que des simulations de vie.

[113]. La *"vie qui meurt"* est une *"fausse vie"*, un *semblant de vie*. La ***"vie biologique"***, la *"vie physique"*, la *"vie organique"*, la *"vie matérielle"* qui ont pour finalité la mort, sont des fausses vies. La *"vie matérielle"* n'est pas comparable à la *"vie spirituelle"*. La *"vie spirituelle"* est la *"vie qui vit"*, la *"vie qui ne meurt pas"*, la *"vie qui ne peut pas mourir"*, la *"vie éternelle"*, la *"vraie vie", la vie*. La vie n'est pas la mort. La vie est vivante. La mort est morte.

aériennes[114] *d'un instinct*[115] *pour symboliser l'intelligence des anges diaboliques. Les animaux, comme les végétaux, ne sont que matière. Ils ne sont que poussière ! Ils n'ont pas d'esprit en eux. Ce ne sont que des anti-esprits, des puces biologiques. Je les ai programmés. Chaque espèce animale a son programme spécifique. Chaque animal exécute son programme sans se poser de questions, sans réfléchir, sans pouvoir le changer, sans pouvoir le faire évoluer. »*

J'ai dit : « Que chaque espèce animale marine et aérienne représente un type d'anges diaboliques. Que chaque espèce porte en elle ses propres caractères pour symboliser un type d'anges. Alors que la mer grouille de bestioles et de monstres marins à corps mou ou à coquille dure, avec ou sans écaille, avec ou sans tentacule. Qu'elle grouille de vers, de crabes, de crevettes, de homards, d'oursins, de coraux, d'éponges, de trilobites, de mollusques céphalopodes, de poissons cuirassés et de poissons osseux, d'ammonites, d'amphibiens, de reptiles[116]*, de tortues, de lézards, de serpents, de crocodiles, de crinoïdes, de téléostéens, de requins, de cœlacanthes, de dinosaures, d'ichtyosaures, de plésiosaures, de pliosaures, de nothosaures, de mosasaures, de pélycosaures. Que les oiseaux, avec ou sans dents, avec ou sans plumes, volent au-dessus de la mer et de la terre au milieu des insectes avec ou sans aile et qu'ils se nourrissent de poissons, de vers, d'œufs de tortues et de crustacés. Qu'Archéoptéryx, que Ptéranodon, que Ptérodactylus, qu'Ikrandraco avatar, que Dimorphodon, qu'Hamipterus et que les ptérosaures volent dans le firmament du ciel. Que les reptiles carnivores, piscivores, insectivores*[117]*, charognards ou nécrophages, carnassiers, mordent, piquent, sucent, dévorent, enveniment et empoisonnent sans aucune pitié, sans aucune morale. Que le sang*[118] *coule à flots. Que les reptiles carnivores se nourrissent de monstres comme les anges diaboliques se nourrissent de l'esprit des autres. Que les reptiles herbivores se nourrissent de planctons, d'algues, de fougères et de gymnospermes*[119] *comme les anges diaboliques se nourrissent des*

---

[114]. Le mot *espèce* vient du latin *species*, il signifie « *type* » ou « *apparence* ». L'*espèce* est un concept flou dont il existe une multitude de définitions dans la littérature scientifique.

[115]. L'**instinct** est par définition **le mouvement intérieur qui pousse l'animal à exécuter des actes adaptés à un but dont il n'a pas conscience. C'est un comportement inné, héréditaire et spécifique, accompli sans apprentissage préalable et en toute perfection** : instinct migratoire, instinct d'imitation, de mellification, de nidification, instinct de conservation, de copulation, de nutrition, de succion, instinct joueur, etc... L'instinct n'est pas l'intelligence. **L'instinct n'est qu'un semblant d'intelligence**.

[116]. Le mot *reptile* vient du latin *reptile*, « rampant ».

[117]. La libellule géante *Meganeura monyi* avait une envergure de 70 cm.

[118]. Le sang est le symbole de la vie animale. Il est *symbole de vie* lorsqu'il est contenu et *symbole de mort* lorsqu'il est répandu.

[119]. Les écailles des reptiles ressemblent aux écorces des gymnospermes. La reproduction des reptiles ressemble à la reproduction des gymnospermes : les reptiles pondent des œufs et sont ovipares ou ovovivipares ; les gymnospermes produisent des cônes constitués d'écailles

états d'esprit des autres[120]. »

J'ai dit : « Je ne peux pas représenter toutes les images diaboliques en même temps, en un seul acte : la Terre est trop petite et les images diaboliques sont trop nombreuses. Je vais les représenter en cinq actes[121]. Chaque acte se terminera par une destruction massive[122] pour supprimer des pans entiers du règne animal afin d'en créer de nouveaux. Chaque nouvel acte commencera avec un nouveau décor. Je pourrai ainsi créer toutes les images des anges diaboliques, du plus petit au plus gros, du moins diabolique au plus diabolique. Elles défileront sur la scène terrestre. Les reptiles marins peupleront la mer et les reptiles aériens les airs. Chaque ange diabolique trouvera son image sur Terre et se reconnaîtra en elle. »

Je le dis : « Pendant toute la durée du cinquième Jour, toutes les images des anges diaboliques ont été représentées sur Terre. Tous les anges diaboliques ont trouvé leur image et se sont reconnus en elle. Les images diaboliques marquèrent, intriguèrent et fascinèrent les esprits[123]. »

<u>Voici le message matériel de la cinquième étape de la création de l'Univers :</u> J'ai créé les monstres marins et aériens, carnivores et herbivores[124].

<u>Voici le message spirituel du cinquième Jour :</u> J'ai créé les monstres marins et aériens pour symboliser sur Terre les anges diaboliques sur les planètes supérieures du système solaire.

À la fin du cinquième Jour J'ai dit : « C'est une bonne chose de faite. »

---

ovulifères et ont des ovules nus.

[120]. Le *cinquième Jour* correspond au « Paléozoïque » et au « Mésozoïque » anciennement appelés « Ère géologique primaire » (*Ère des Poissons*) et « Ère géologique secondaire » (*Ère des reptiles*). *Géologique,* du grec *Géo-* «Terre» et *logos* «parole, logique».

[121]. Comme dans les tragédies antiques puis classiques.

[122]. Les scientifiques mentionnent cinq extinctions massives pendant le « Paléozoïque » et le « Mésozoïque » : celle de l'Ordovicien (disparition de 65 % des espèces), celle du Dévonien (disparition de 75 % des espèces), celle du Permien (disparition de 95 % des espèces), celle du Trias (disparition de 75 % des espèces) et celle du Crétacé (disparition de 75 % des espèces).

[123]. Les théologiens ne se demandent pas pourquoi Dieu a créé les monstres marins et aériens.

[124]. Les scientifiques connaissent presque toutes les espèces qui sont apparus sur Terre et ont disparu au Paléozoïque et au Mésozoïque. Mais ils ne savent pas pourquoi elles sont apparues et pourquoi elles ont disparu.

6ème Jour : J'ai créé les animaux terrestres

J'ai créé **les animaux terrestres** pendant la sixième étape de la création de l'Univers, au **sixième Jour**.

J'ai dit : « <u>**Qu'ils symbolisent sur Terre les anges indécis qui sont dans le ciel des planètes inférieures du système solaire !**</u> »

J'ai dit : « <u>**Je crée les bestiaux, les petites bêtes et les bêtes sauvages selon leur espèce**</u>. »

J'ai dit : « Je crée les mammifères, ces animaux « à sang chaud »[125], avec des mamelles, du kitti à nez de porc avec ses trois centimètres de long et ses deux grammes au baluchithérium avec ses sept mètres de long et ses seize tonnes. »

J'ai dit : « Que les bestiaux et les bêtes sauvages avec ou sans poil, avec ou sans corne, avec ou sans fourrure, avec ou sans griffes, avec ou sans sabots, avec ou sans ongles, les artiodactyles et les périssodactyles, les marsupiaux, les lémuriens, les créodontes, les chevaux, les rhinocéros, les porcs, les chameaux, les lions, les ours, les tigres à dents de sabre, les mammouths et autres proboscidiens, les rongeurs, les singes, les primates et autres australopithèques[126] soient les images des anges indécis qui sont sur Vénus et sur Mercure. »

J'ai dit : « Que les anges indécis les plus proches du monde diabolique soient représentés dans la mer par des mammifères marins : des baleines à fanons, des baleines à dents, des lamantins, des phoques moines ou barbus, des otaries, des morses, des loutres de mer... Que les anges indécis les plus proches du monde divin soient représentés dans l'air par des mammifères aériens ou volants : des chauve-souris, des vampires communs, à pattes velues ou à ailes blanches... Que les anges indécis intermédiaires entre le monde diabolique et le monde divin soient représentés sur terre par toute une panoplie des mammifères terrestres127,

---

[125]. Disons « tiède ».

[126]. Le genre Australopithecus (du latin australis, « du sud », et du grec ancien πίθηκος, píthēkos, « singe ») a été défini par Raymond Dart lors de la découverte d'Australopithecus africanus en 1924. Un australopithèque est un singe, un singe du sud.

[127]. La *théorie de l'évolution du vivant* est très critiquée. Depuis Pierre Louis Moreau de Maupertuis, Buffon, Lamarck, Cuvier, Lyell, Darwin, jusqu'à aujourd'hui, les évolutionnistes

carnivores pour symboliser les anges indécis qui se nourrissent de l'esprit des autres et herbivores pour symbolisent ceux qui se nourrissent d'états d'esprit. Que les angiospermes qui sont essentiellement la nourriture des mammifères herbivores symbolisent les états d'esprit indécis. Que les mammifères soient féconds et prolifiques. Qu'ils exécutent bêtement et sauvagement leur

---

se succèdent en croyant qu'aucun projet ne guide le processus de l'évolution. Tous pensent qu'il n'y a aucun plan linéaire et déterminé dans le déroulement du spectacle animal. Tous croient au jeu du hasard et de la nécessité. *"La théorie produit beaucoup, mais ne nous rapproche guère du secret du Vieux. Je suis convaincu qu'Il ne joue pas aux dés."* écrivait Albert Einstein en décembre 1926 à propos de la théorie quantique, phrase qu'il aurait tout aussi bien pu écrire au sujet de la *théorie de l'évolution du vivant*. Le *Vieux* d'Einstein est *Dieu*, qui malgré les affres du temps est toujours aussi jeune !

Dieu n'a pas créé par hasard l'Univers et ce qui est dans l'Univers ! Certes *le hasard fait bien les choses*. Mais le hasard ne fait rien et donc rien de bien. Le hasard est lié à notre ignorance des causes. Il n'y a ni fatalisme ni déterminisme. Le hasard disparaît quand on sait qui est Dieu et quand on sait pourquoi et comment il a créé l'Univers avec ce qu'il contient.

La théorie hypothétique de l'évolution du vivant n'est qu'une théorie. *La théorie c'est quand on sait tout et que rien ne fonctionne. La pratique c'est quand tout fonctionne et que personne ne sait pourquoi.*

<u>Les évolutionnistes n'explique ni pourquoi ni comment la vie est arrivée sur Terre ; ils ne comprennent ni pourquoi ni comment l'inanimé s'est animé.</u> Ils baignent dans les « mystères» et le « merveilleux » de la « vie végétale » et de la « vie animale ». Ils sont incapables de nommer l'ancêtre commun ou unique. Ils cherchent sans les trouver les chaînons manquants. Faute de les trouver, ils misent tout sur le jeu des mutations génétiques aléatoires, sur celui de « l'horloge moléculaire » et sur celui de la sélection naturelle qu'elle soit bénéfique ou non. Ils ne savent pas pourquoi certaines espèces ont disparu alors que d'autres ont survécu. Ils ne comprennent ni pourquoi ni comment les reptiles mammaliens, les thérapsides, qui seraient indirectement ancestraux aux mammifères sans qu'ils ne sachent pourquoi, ont disparu. Ils ne comprennent pas la raison pour laquelle il y a deux types de vertébrés : les reptiles et les mammifères. Ils ne comprennent pas la raison pour laquelle il y a deux types de végétaux : les gymnospermes et les angiospermes. Ils ne comprennent pas le rapport qui existe entre les reptiles et les gymnospermes et le rapport qui existe entre les mammifères et angiospermes ni celui qui existe entre la reproduction des mammifères et celle des angiospermes et la reproduction des reptiles et celle des gymnospermes. Ils ne comprennent pas le message que véhiculent les petits mammifères vivipares qui grandissent dans le ventre de leur mère (à l'exception des marsupiaux) et qui se nourrissent du lait des mamelles de leur mère ni celui des petits reptiles ovipares ou ovovivipares qui sont pondus et ignorés par leur mère dès leur naissance. Ils ne comprennent pas non plus le message que véhiculent les angiospermes qui cachent leurs ovules dans un endroit clos et celui des gymnospermes qui mettent à découvert leurs ovules (non enclos dans un ovaire).

Au XXIème siècle, la théorie de l'évolution est mise à mal. Les scientifiques savent que les séries transitionnelles sont incomplètes et non linéaires. Ils ne comprennent pas pourquoi les ancêtres des espèces existantes qui se sont mélangés aux ancêtres des espèces « cousines » se sont éteintes sans laisser de descendants. Tous s'accordent à dire que <u>les relations de parenté entre les «êtres vivants» ne sont pas des preuves d'évolution et que la classification des ressemblances n'est pas un signe d'évolution</u>. **<u>La classification phylogénétique du «vivant» a récemment démontré qu'il n'y avait pas eu « évolution animale »</u>**. Les scientifiques sont de plus en plus nombreux à dire que la *théorie de l'évolution du vivant* est une *évolution non durable* et que la « *sixième extinction* » pourrait bien être la dernière. La fin des végétaux, des animaux et de l'humanité devient de plus en plus admise. Peut-on raisonnablement qualifier d'*évolution du vivant* une évolution qui aurait pour finalité la mort ?

programme[128] pendant toute la durée du sixième Jour. »

*J'ai dit après avoir représenté toutes les images des anges diaboliques et des anges indécis sur Terre : « Je vais maintenant représenter Mon image129 au milieu des singes, des australopithèques, des mammouths et des rhinocéros laineux pour Me rappeler au souvenir des anges non divins. Et pour M'en rappeler doublement, Je ne vais pas mettre une image de Moi sur Terre mais deux ! J'ai en effet deux visage de Moi à mettre sur Terre : celui avant la création des dieux et celui depuis leur création. L'**Homo non sapiens** Me servira à représenter les deux. »*

J'ai créé l'Homo non sapiens bisexué

*J'ai dit : « Je vais d'abord créer Ma première image. Elle va Me représenter tel que J'étais avant la naissance des dieux, quand Je vivais Seul dans le Néant de l'Espace, quand Je M'aimais Seul puisque Je n'avais personne d'autre à aimer, quand J'étais le <u>Père et Mère</u> qui n'avait pas encore créé. Ma première image sera l'**Homo non sapiens bisexué**. »*

*J'ai dit : « **Je crée l'Homo non sapiens bisexué à Mon image, selon Ma ressemblance[130]. Je le crée «<u>mâle et femelle</u>», androgyne, hermaphrodite[131].** »*

---

[128]. Le *sixième Jour* correspond au « Cénozoïque », anciennement appelé « Ère géologique tertiaire et Ère géologique quaternaire ».

[129]. Une image n'est qu'une image. Ce serait une erreur d'assimiler Dieu à Son image. La phrase *« Le mot "chien" ne mord pas »* (phrase attribuée à Aristote, à Socrate et à de nombreux autres...) qui signifie que le mot n'est pas la chose, que l'image d'une pipe n'est pas la pipe, nous incite à conclure que l'image de Dieu n'est pas Dieu et que le mot "Dieu" n'est pas Dieu.

[130]. Genèse 1:27.

[131]. « *Mâle <u>et</u> femelle* » : Genèse 1:27. *Bisexué* : qui porte les organes des deux sexes. Le lombric, la sangsue, le ténia, la douve du foie, l'escargot sont des animaux bisexués. Selon le Littré, un *androgyne* est un individu chez lequel les organes des deux sexes sont réunis ; étymologiquement : du grec Ἀνδρόγυνος, de ἀνὴρ, homme, et γυνὴ, femme. Selon le Littré, un *hermaphrodite* est un être humain auquel on attribue les deux sexes, qui a les deux sexes ; étymologiquement : du grec Ἑρμαφρόδιτος, Hermaphrodite, personnage mythologique ayant les deux sexes, fils d'Hermès Ἑρμῆς et d'Aphrodite Ἀφροδίτη. Le mot hermaphrodite est par conséquent synonyme d'androgyne.

J'ai dit : « Je le modèle à partir de la poussière prise du sol comme J'ai modelé avant lui tous les autres animaux[132]. Qu'il soumette tous les animaux, les poissons de la mer, les oiseaux du ciel, les bestiaux, toute la terre, toutes les petites bêtes qui remuent sur la terre[133] comme Moi-même, le Tout-Puissant, Je soumets qui Je veux. Qu'il soit immortel comme Moi-même Je suis éternel. Qu'il se tienne debout comme Moi-Même Je suis débout et bien vivant. Qu'il se nourrisse de graines et de fruits[134] comme Moi-même Je Me nourris des états d'esprit les plus beaux. »

J'ai ajouté : « Que Mon image qui n'est qu'un animal soit aussi «bête» que les autres animaux. Qu'elle M'obéisse comme un chien. Si Je lui dit : « Assis ! », qu'elle s'asseye ; si Je lui dit : « Viens ! », qu'elle vienne. Qu'elle soit sage comme une image. Qu'elle soit féconde et prolifique. Je l'érige au sommet de la pyramide animale. Mais, comme tous les animaux, comme toutes les « images vivantes », qu'elle ne soit elle aussi qu'un semblant de vie, qu'un semblant de liberté, qu'un semblant d'amour. Sans esprit en elle, qu'elle soit comme tous les animaux dénuée d'intelligence, de volonté et de sensibilité mais qu'elle ait comme eux un instinct développé. Qu'elle crie comme les grands singes. Qu'elle répète bêtement ce qu'elle entend comme le perroquet. Sans esprit en elle, qu'elle n'ait aucune pensée, aucune idée, aucune humeur, aucune émotion, aucun sentiment, aucun amour. Sans esprit en elle, qu'elle ne communique pas avec Moi[135]. D'ailleurs, Je ne la

---

[132]. Genèse 2:27. Genèse 3:19.

[133]. Genèse 1:26.

[134]. Genèse 1:29. Les graines et les fruits sont les images des états d'esprit les plus beaux. Il n'y a pas de graines et de fruits sans fleurs. Qu'y a-t-il de plus beau qu'une fleur ?

[135]. Étymologiquement, le mot *parole* provient de la contraction du mot parabole qui signifie "allégorie", "discours grave et inspiré", "langue". Le mot *parole* a remplacé le mot *verbum* qui traduit le mot grec λόγος, *lógos, le verbe*, lui-même calqué de l'hébreu ancien DBR, *davar*, « mot, parole, chose, ordre ». La parole qui est intrinsèque à l'esprit est le propre de l'esprit. Sans esprit, il n'y a ni parole ni langage. La *parole* est le *langage articulé* qui communique la pensée. La pensée réside dans l'esprit et nulle part ailleurs. « *Articuler la parole* » consiste à former des mots, des signes audibles, des syllabes, des symboles. Le langage est la capacité d'exprimer une pensée et de communiquer au moyen d'un système de signes (vocaux, gestuels, graphiques, tactiles, olfactifs, etc.). La *langue* est une des nombreuses manifestations du *langage*. Sans esprit en lui, l'Homo non sapiens n'utilisait pas un langage articulé. L'Homo non sapiens ne parlait pas ; son système n'était pas cognitif, il n'était pas apte à l'abstraction, à l'introspection et à la spiritualité, et par conséquent il ne portait pas de vêtements.

crée pas pour qu'elle Me parle. Je la crée pour qu'elle me représente et qu'ainsi les anges non divins voient la différence entre leurs images et la Mienne, et donc la différence entre ce qui est non divin et ce qui est divin ! »

*Alors J'ai dit : « Je plante un **jardin** en **Éden**, à l'orient[136], pour Mon image. J'y mets l'Homo non sapiens que J'ai formé. J'y fais pousser du sol des arbres de toute espèce, agréables à voir et bons à manger, et **<u>l'arbre de vie</u>** au milieu du jardin, et **<u>l'arbre de la connaissance du bonheur et du malheur</u>**[137]. »*

Puis J'ai dit à l'Homo non sapiens bisexué : « Cultive le sol du jardin et garde

---

Les scientifiques ne connaissent pas l'origine du langage. Ils ne savent ni pourquoi ni comment l'Homo non sapiens est devenu sapiens. Ils ne savent ni pourquoi ni comment il s'est mis à parler, à s'habiller, à faire preuve d'abstraction, d'introspection et de spiritualité. En 1865, pour éviter les querelles stériles et les thèses farfelues, la Société de linguistique de Paris informa ses membres dans ses règlements qu'elle ne recevrait plus « *aucune communication concernant [...] l'origine du langage* ». Depuis cette date, dans le milieu scientifique, on ne communique plus sur l'origine du langage ou très peu.

[136]. Genèse 2:8 et Genèse 2:15.
L'*Éden*, que les commentateurs bibliques réduisent généralement à la Mésopotamie, était Moyen-Orient actuel. La mer Méditerranée, la mer Rouge, la mer d'Arabie, la mer Caspienne et la mer Noire l'encadraient.

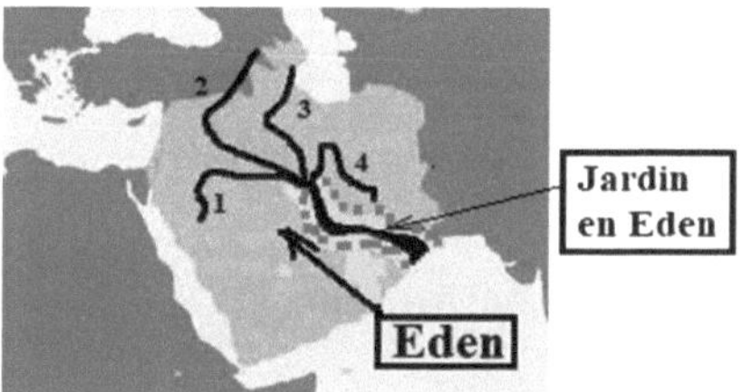

1 : Pishôn   2 : Euphrate   3 : Tigre   4 : Guilhôn

Le terme « *éden* » signifie en hébreu « *délice* », « *jouissance* ». *Le jardin en Éden* n'était qu'une partie de l'*Éden ;* il était à l'est de l'*Éden*, là où est actuellement le Golfe Persique. Le mot *jardin* est la traduction du mot hébreu *gan* qui se retrouve dans toutes les langues sémitiques et qui désigne un endroit entouré d'une clôture. La Septante a traduit le mot *gan* par le mot grec *paradeisos*, mot issu du mot persan *païri-daéza* qui signifie un lieu protégé par un rempart et qui a donné le mot paradis. « *Le jardin en Éden* », en hébreu גן עדן et en arabe عَدْن, جَنَّة عَدْن, عدن, peut se traduire par « *le jardin des délices* ».
Quatre fleuves traversaient l'Éden : 1- le Pishôn à l'ouest sur 1.200 km, 2- l'Euphrate au nord-ouest sur 2.800 km, 3- le Tigre au nord-est sur 1.900 km et 4- le Guilhôn à l'est sur 900 km. Ces « quatre fleuves », appelés les « quatre bras » ou les « quatre têtes » du fleuve, suivant les traductions, confluaient au niveau de l'actuel Chatt-el-Arab (au nord-ouest du *jardin*) pour former un seul et même fleuve. Ce fleuve s'écoulait au milieu du *jardin* sur une longueur de 1.000 km et l'irriguait. Il terminait sa course vers le sud-est au niveau de l'actuel détroit d'Ormuz avant de se jeter dans l'Océan Indien par un estuaire à l'emplacement de l'actuel Golfe d'Oman. Genèse 2:10-15.
[137]. Genèse 2:9 et Genèse 2:15.

le. Tu peux manger de tout arbre du jardin <u>sauf de l'arbre de la connaissance du bonheur et du malheur</u>[138]. <u>Si tu en manges, tu mourras</u>. »

*Que celui qui a des oreilles pour entendre entende ce que Je dis : « Deux types d'arbres existent : **les arbres matériels** et **les arbres spirituels**. Les arbres matériels relient la Terre au ciel. Les arbres spirituels relient le ciel à la Terre. Les arbres[139] matériels sont couverts de branches, de feuilles, de fruits et de graines. Les arbres spirituels sont peuplés d'anges et chargés d'états d'esprit. »*

*Que celui qui a des oreilles pour entendre entende encore ce que Je dis : « **Trois arbres spirituels existent : l'arbre de la connaissance du bonheur, l'arbre de la connaissance du bonheur et du malheur et l'arbre de la connaissance du malheur**. »*

*En cette fin de sixième Jour J'ai dit : « **L'arbre de la connaissance du bonheur** est peuplé d'anges divins ; il est chargé d'états d'esprit divins. Il a ses racines dans le ciel étoilé. Il relie les anges divins à la Terre. Il est chargé du souffle divin, de l'esprit divin, de la connaissance divine. Il prodigue la nourriture divine. Il distille la connaissance du bonheur, la connaissance du bien et du bon. Il est bon à manger. Il procure l'immortalité. Son nom : **l'arbre de vie**[140]. Il est au milieu du jardin, en Eden, pour nourrir divinement l'Homo sapiens bisexué. »*

Alors J'ai dit à l'Homo non sapiens bisexué : « Tends la main pour en manger, pour vivre dans le bien, dans le bon, dans le bonheur, pour rester immortel. »

---

[138]. Genèse 2 :16. Les commentateurs bibliques n'expliquent pas pourquoi l'Homo non sapiens bisexué ne devait pas manger de l'arbre de la connaissance du bonheur et du malheur. Ils ne dissertent pas sur *la connaissance du bonheur et du malheur*, ni sur ce qu'est ***l'arbre de la connaissance du bonheur et du malheur*** ni sur ce que sont <u>ses fruits</u>. Ils se limitent à dire que l'*arbre de la connaissance du bonheur et du malheur* est un mythe, c'est-à-dire une vérité tellement profonde et tellement mystérieuse qu'on n'arrive pas à l'exprimer entièrement ou adéquatement par des concepts. En d'autres termes, ils en parlent sans savoir ce qu'il est et sans dire ce qu'il symbolise.

[139]. L'arbre est un grand végétal pérenne, vivace ; il enfonce ses racines dans le sol et élève son tronc et ses branches vers le ciel. Il relie la terre au ciel. Il porte des feuilles, des fleurs, et des fruits. Il est un symbole de nourriture.

[140]. Genèse 2:9. Genèse 3:24.
Les commentateurs bibliques disent que l'***arbre de vie*** est un symbole d'immortalité, un symbole universel utilisé et décliné par les hommes depuis la nuit des temps. Mais, ils ne le définissent pas. Ils ne disent pas ce qu'il est et ce qu'il signifie au juste. Ils n'expliquent pas pourquoi il donne l'immortalité. Ils n'expliquent pas non plus pourquoi Dieu l'a fait pousser sur Terre, pourquoi Dieu l'a ensuite enlevé de la Terre et où Il l'a déplacé.

*En cette fin de sixième Jour, J'ai aussi dit : « **L'arbre de la connaissance du bonheur et du malheur** est peuplé d'anges indécis et d'états d'esprits indécis. Il a ses racines dans le ciel des planètes inférieures du système solaire. Il relie les anges indécis à la terre. Il est chargé du souffle indécis, de l'esprit indécis, de la connaissance indécise. Il distribue la nourriture indécise, faite de bon et de mauvais. Il distille la connaissance du bonheur et du malheur, la connaissance du bien et du mal. Il ne donne pas la vie. Son nom : l'**arbre de vie et de mort**. Il conduit à la mort. »*

Alors J'ai dit à l'Homo non sapiens bisexué : « Ne tends pas la main pour en manger ; si tu en manges tu vivras dans le bonheur et le malheur, et tu mourras ! »

*En cette fin de sixième Jour, J'ai encore dit : « **L'arbre de la connaissance du malheur** est peuplé d'anges diaboliques et d'états d'esprit diaboliques. Il a ses racines dans le ciel des planètes supérieures du système solaire. Il est chargé du souffle diabolique, de l'esprit diabolique, de la connaissance diabolique, celle du malheur. Il inocule la nourriture diabolique, faite de mal et de mauvais. Il est le venin du mal, le poison du mauvais. Il est fait de ruses, d'astuces, de pièges et de mensonges. Il n'est pas dans le jardin. Son nom : l'**arbre de mort**[141]. Il conduit à la mort.*

Alors J'ai dit à l'Homo non sapiens bisexué : « N'écoute pas l'esprit diabolique[142], ne succombe pas à ses tentations, sois insensible à sa propagande ; si tu l'écoutes tu vivras dans le malheur, il te conduira où tu ne dois pas aller, et tu mourras. »

Alors en Moi-même J'ai pensé : « L'humanité non sapiens bisexuée est une proie facile pour l'esprit diabolique et pour l'esprit indécis. Tant qu'elle M'obéira et que Je soufflerai dessus elle n'a rien à craindre.»

---

[141]. L'*arbre du malheur*, l'*arbre diabolique*, n'est pas mentionné dans la Genèse. Il n'était pas dans le *jardin* en Éden. L'esprit diabolique interférait directement par le biais de son image qui était dans le jardin. Son image, le *serpent*, le fameux *nahash* hébreu נָחָשׁ (*nāḥāš*) (qui apparaît 31 fois dans le texte massorétique de la Bible hébraïque) est l'antique Serpent de l'Apocalypse , le grand Dragon, rouge-feu, celui qu'on appelle le Diable et Satan, le séducteur du monde entier (Apocalypse 12:9).

[142]. Genèse 3:1. « *Le serpent était la plus astucieuse de toutes les bêtes des champs que le Seigneur avait faites* ». Un esprit astucieux est un esprit habile et ingénieux qui cherche à nuire ou à créer des ennuis,

J'ai créé l'Homo non sapiens sexué

*J'ai dit : « Je vais maintenant créer M*a seconde image. Elle va Me représenter tel que Je suis depuis que J'ai crée les dieux, depuis que Je ne suis plus seul, depuis que J'ai d'autres personnes à aimer. Ma seconde image sera l'**Homo non sapiens sexué**. »

Je M'étais dit : « Il n'est pas bon que l'Homo non sapiens bisexué soit seul dans le jardin d'Éden[143] au milieu des autres animaux comme il ne Me fut pas bon d'être Seul dans le Néant de l'Espace avant la création des dieux. Pour que l'Homo non sapiens bisexué ne soit plus seul, Je vais lui créer une aide, une aide qui lui soit assortie[144], une aide afin qu'il puisse partager sa vie avec elle et l'aimer comme Moi-même depuis que J'ai créé les dieux Je partage Ma vie avec eux et les aime. »

Alors, en cette fin de sixième Jour, après avoir mis sur Terre Ma première image, J'ai dit : « Je mets sur Terre Ma seconde image. Qu'elle remplace la première. Qu'elle soit l'image de ce que Je suis depuis que J'ai créé les dieux, depuis que Je ne suis plus Seul, depuis que J'aime les dieux. »

Puis J'ai dit : « Je créé Ma seconde image à partir de la première. Je la crée en anesthésiant la première en pleine glaciation[145]. J'opère l'Homo non sapiens bisexué. Je lui enlève une partie, un côté. Avec cette partie, avec ce côté, Je lui fais l'aide associée. Et Je referme les chairs sur eux. »

*Alors J'ai dit : « **Avec un Homo non sapiens bisexué, mâle et femelle, J'ai créé deux Homo non sapiens sexués, un mâle et une femelle**[146]. »*

*J'ai ajouté : « **J'appelle homme, l'Homo non sapiens sexué mâle, et J'appelle femme, l'Homo non sapiens sexué femelle**. »*

---

143. Genèse 2:18.
144. Genèse 2:19.
145. Le dernier âge glaciaire se situe à la fin de la glaciation de Würm, soit vers -10 000.
146. Genèse 2:21-22. « *Il prit une de ses côtes* », littéralement « *il prit un de ses côtés* ». Traduction de la TOB (Traduction Œcuménique de la Bible).

Alors J'ai dit : « ___L'homme non sapiens sexué est Ma nouvelle image sur Terre___ ___et la femme non sapiens sexuée est l'image des dieux divins sur Terre___*. Qu'ils fassent un comme les dieux divins et Moi-même faisons un.»*

Ensuite J'ai dit : « Les Homo non sapiens sexués ont remplacé les Homo non sapiens bisexués. Il n'y a plus désormais un seul Homo non sapiens bisexué à la surface de la Terre. Il n'y a plus sur Terre que des Homo non sapiens sexués, des mâles et des femelles. Les mâles d'un côté et les femelles de l'autre. Les mâles sans le côté femelle et les femelles sans le côté mâle. Les hommes à côté des femmes, et les femmes à côté des hommes, côte à côte[147]. »

J'ai alors dit : « Que la femme soit une aide pour l'homme et que l'homme soit une aide pour la femme. Qu'ils s'aiment. Qu'ils fassent une seule chair pour procréer. Qu'ils fassent un comme les comme les dieux divins et Moi-même faisons un. »

Alors J'ai dit : « L'Homo sapiens sera Ma dernière création. Ma dernière création est une réussite. L'Homo non sapiens sexué fait mieux l'amour que l'Homo non sapiens bisexué. Il est plus fécond et plus prolifique. L'homme et la femme mangent des fruits et cueillent des graines. Il ne chassent pas. Il crient comme les grands singes. Ils répètent bêtement ce qu'ils entendent comme les mainates. Ce sont comme tous les autres animaux des symboles, des images. Ils

---

[147]. En hébreu, l'homme s'écrit *Ich,* איש, et la femme *Icha,* אשה.

Le *Feu* s'écrit *Ach* (prononcé *Esh*), אש. Le *Feu* évoque le désir tapi dans l'intimité la plus profonde de l'être humain, mais aussi l'acte sexuel, la passion amoureuse, la chaleur partagée. Le *Feu* est le symbole de l'amour divin, de l'esprit divin. *« Lui, il vous baptisera du Saint-Esprit et de feu »* (Matthieu 3:11). En plaçant un *Yod* י dans le *Feu* אש, le mot feu se transforme en « humain masculin » איש, le symbole de Dieu. Et en plaçant un *Hé* ה à la fin du mot feu אש, le mot *Feu* se transforme en « humain féminin » אשה, le symbole des dieux divins.

La lettre *Yod* est un signe masculin. Elle est le « bras de Dieu », symbole de la capacité à accueillir, à donner et à rejeter, mais aussi la « main de Dieu », la main qui sème, qui donne et qui transmet, symbole d'action, de puissance, de pouvoir, de force et de domination, mais aussi de communication (langage des signes), mais encore d'entraide et d'amour (prendre la main, tendre la main). Le double signe *Yod* désigne le divin sous l'appellation « Adonaï ». Le *Yod* construit toutes les autres lettres de l'alphabet hébraïque. La lettre *Yod* est l'initiale du Tétragramme YHWH et elle est devenue son substitut. S'il vient à manquer, tout l'édifice s'écroule, le monde s'écroule. La valeur numérique du *Yod* est 10.

La lettre *Hé* signifie « voici ». C'est le signe du souffle, du souffle de vie, d'haleine, qui anime, qui donne vie. La lettre *Hé* est un signe féminin. Elle est l'instrument de la création et de la vie. Sans le *Hé*, sans la femme, pas de reproduction, pas de vie humaine. La lettre *Hé* se trouve deux fois dans le Tétragramme YHWH. Elle en est aussi son substitut. La valeur numérique du *Hé* est 5, la moitié du *Yod*.

ne sont que matière, que poussière. Sans esprit propre en eux, ils sont dénués de liberté propre, d'amour propre, d'intelligence propre, de volonté propre, de sensibilité propre. En un mot, ils sont eux aussi **non sapiens***. »*

Alors J'ai dit : « Que l'homme et la femme non sapiens tendent la main pour prendre de l'arbre vie, en manger et vivre à jamais. Qu'ils mangent de tout arbre du jardin, mais qu'ils ne touchent pas à l'arbre de la connaissance du bonheur et du malheur afin de ne pas mourir. »[148]

En cette fin de sixième Jour, Mon souffle était dans le jardin. Les hommes et les femmes non sapiens écoutaient Ma voix. Ils vivaient nus sans se faire mutuellement honte[149]. Ils ne se posaient pas de questions, ils ne raisonnaient pas, ils ne pensaient pas. Ils vaquaient à leurs occupations, comme des bêtes, les oreilles aux aguets des vibrations et des ondes qui les entouraient, reniflant les odeurs et les autres souffles qui les frôlaient. Ils étaient immortels. Ils étaient à l'image du divin, mais ils ne le savaient pas. Sans esprit en eux, ils ne pouvaient pas le savoir. Ils ne pouvaient pas Me parler150. Ils ne pouvaient pas Me connaître. Ils ne connaissaient pas non plus les dieux divins ni les anges divins. Ils n'avaient pas conscience d'eux ni de Moi. Sans esprit en eux, ils n'avaient aucun état d'esprit, aucun sentiment, aucune humeur, aucune émotion, aucun amour. Ils n'avaient aucune conscience des états d'esprit divins, indécis ou diaboliques. Ils n'avaient ni connaissance ni conscience. Ils appliquaient leur programme en ignorant toute forme de science, en ayant aucune culture. Ils vivaient au jour le jour, au milieu des symboles, sans en tenir compte. Ils se tenaient devant l'arbre de la connaissance du bonheur et du malheur comme des chiens et des chiennes bien dressés couchés devant un os auxquels leur maître a ordonné ne pas toucher.

<u>Voici le message matériel de la sixième étape de la création de l'Univers</u> *:* **J'ai créé les mammifères, les bestiaux, les petites bêtes et les bêtes sauvages, puis l'Homo non sapiens bisexué et, enfin, l'Homo non sapiens sexué.**

<u>Voici le message spirituel du sixième Jour</u> *:* **J'ai créé les mammifères pour qu'ils soient sur terre les images des anges indécis dans le ciel des planètes inférieures du système solaire. J'ai créé l'Homo non sapiens bisexué pour qu'il soit Ma première image sur Terre. J'ai enfin créé l'Homo non sapiens sexué**

---

[148]. Genèse 2:17.

[149]. Genèse 2:25 : *Ils étaient nus sans se faire mutuellement honte.*

[150]. Ils étaient comme des chiens devant leur maître. Les chiens ne parlent pas.

pour qu'il soit Ma seconde image sur Terre à la place de la première : les hommes pour Me symboliser et les femmes pour symboliser les dieux divins.

À la fin du sixième Jour J'ai dit : « C'est une bonne chose de faite ! »[151]

7ème Jour : Je ne crée rien,

J'achève Mon œuvre,

Je me repose

*Je le dis : « **Je n'ai plus rien créé depuis le début de la septième étape de la création de l'Univers et Je ne créerai plus rien pendant le septième Jour.** »*

*Je le dis : « **Pendant le septième jour J'achève Mon œuvre.** »*

*Je le dis : « **Depuis le début du septième Jour Je me repose. Je bénis le septième Jour. Je le sanctifie**[152]. »*

*Je le dis : « **J'ai tout créé avant le septième Jour : la lumière pour symboliser les dieux, la lumière supérieure pour symboliser les dieux divins, la lumière inférieure pour symboliser les dieux non divins, les étoiles pour symboliser les anges divins, les végétaux pour symboliser les états d'esprit des anges non divins, les monstres marins et aériens pour symboliser les anges diaboliques, les bêtes terrestres pour symboliser les anges indécis, L'Homo non sapiens bisexué pour Me symboliser et l'Homo non sapiens sexué pour Me symboliser avec les dieux divins. J'ai ainsi représenté matériellement avant le septième Jour tout ce qui est spirituel. Je n'ai par conséquent plus rien à créer dans l'Univers pendant le septième Jour. Je n'ai plus qu'une chose à faire pendant le septième Jour : achever Mon œuvre, Me reposer, louer le septième Jour et le consacrer.** »*

*Que celui qui a des oreilles pour entendre entende ce que Je dis : « <u>**Je n'ai pas créé l'Homo sapiens**</u>. **Je ne l'ai pas créé parce qu'il s'est créé de lui-même à partir de l'Homo non sapiens. Il a émergé sans que J'ai eu besoin d'intervenir matériellement.** »*

____

[151]. Genèse 2:2.
[152]. Genèse 2:2.

Que celui qui a des oreilles pour entendre entende ce que Je dis : « <u>**Voici l'histoire de l'émergence de l'Homo sapiens**</u>*153.* »

À la fin du sixième sixième Jour, J'ai dit : « <u>**Que les anges indécis qui sont dans le ciel des planètes inférieures du système solaire soient renvoyés sur Terre. Ils n'ont plus à y être. Le spectacle de la représentation animale est terminé. Il s'est terminé avec Ma dernière création : l'Homo non sapiens sexué. Il n'y a plus rien à voir de là-haut sur Terre puisque Je ne crée plus rien après lui sur Terre et dans l'Univers.**</u> »

J'ai dit : « <u>**Que les anges indécis retournent sur Terre, qu'ils y retrouvent leurs images et qu'ils vivent avec !**</u> »

J'ai dit aux anges divins qui étaient sur le Soleil : « <u>**Chassez les des planètes inférieures du système solaire. Renvoyez-les sur Terre, en Éden.**</u> »

Alors, sans perdre de temps, les anges divins solaires, en rangs serrés, s'avancèrent vers Mercure. Ils repoussèrent tous les anges indécis qui y étaient Mercure. Ils les repoussèrent sur Vénus. Puis de Vénus ils repoussèrent tous les anges indécis qui étaient sur Venus sur la Lune. Enfin de la Lune ils repoussèrent tous les anges indécis qui étaient sur la Lune sur la Terre[154]. Il n'y eut plus ainsi un seul ange indécis dans le ciel des planètes inférieures du système solaire. Le ciel des planètes inférieures du système se trouva dès lors entièrement sous le contrôle des anges divins.

Alors J'ai dit : « **Les anges indécis sont descendus du ciel. Ils sont tombés sur Terre[155], en Éden. L'arbre de la Connaissance du bonheur et du Malheur est arrivé au milieu[156] du jardin !** »

---

[153]. Les scientifiques qui sont des Homo sapiens ne savent pas comment l'Homo non sapiens est devenu sapiens.

[154]. *« La royauté est descendue du ciel. » :* Tels sont les premiers mots de la première phrase de la Liste royale sumérienne.

[155]. La royauté est descendue du ciel en Sumer il y a moins de 10 000 ans.

[156]. Genèse 3:3 : *« au milieu du jardin ».*

Puis J'ai dit : « Puisque les anges indécis sont sur le plancher des vaches, qu'ils se mêlent à leurs propres images, aux chevaux, aux porcs, aux éléphants, aux truies, aux chiennes, aux rhinocéros, aux chameaux, aux rats, aux baleines, aux souris, aux chauves-souris, aux singes, aux primates, aux australopithèques[157]... Qu'ils apprivoisent leurs images. Qu'ils les soumettent. »

C'est ce qu'ils firent. Mais au bout d'un certain temps, ils préférèrent l'image divine à leurs propres images car l'Homo non sapiens sexué faisait beaucoup mieux l'amour que les chimpanzés, les bonobos, les paranthropes et les australopithèques[158]. »

---

[157]. Little Foot ou Lucy, Homo erectus, Homo ergaster, Homo floresiensis, Homo luzonensis, Homo denisovensis et Homo neanderthalensis sont des singes. Ils n'ont pas le crâne globulaire, un front élevé, une face réduite, avec une mince arcade sourcilière, un menton et un squelette gracile comme celui de l'Homo non sapiens sexué. Il y a une grande différence physique entre les singes et les Homo non sapiens sexué. En revanche, il n'y a aucune différence physique entre l'Homo non sapiens sexué et l'Homo sapiens.

[158]. L'histoire de la lignée humaine est mouvementée et non linéaire. Si les australopithèques ont longtemps été considérés comme les ancêtres du genre « Homo », ce courant de pensée est aujourd'hui minoritaire. Les anthropologues sont divisés. Le mot *anthropologue* vient de deux mots grecs, *anthrôpos*, qui signifie « homme », et *logos*, qui signifie « science, parole, discours ». Avec un morceau de crâne et trois bouts d'os, les anthropologues sont capables d'échafauder des théories le plus souvent contradictoires et presque toujours contredites. *L'anthropologie*, appelée la "*science de l'homme*", est reconnue comme peu fiable. Le mot science vient du latin *scientia*, « connaissance ». L'*Homo sapiens*, communément appelé *Homme moderne, Homme, humain* ou encore *être humain,* est le seul représentant survivant du genre Homo depuis la fin du sixième Jour.

L'espèce *Homo sapiens* fut décrite par Carl von Linné, le précurseur du racisme scientifique, en 1758, dans la 10e édition de son ouvrage *Systema naturae*, Linné divisa les Homo sapiens en *Africanus, Americanus, Asiaticus, Europeanus* et *Monstrosus* en 1735 ; puis en 1758, il introduisit une classification de différentes espèces humaines en fonction de la couleur de la peau avec l'homme blanc (Homo europaeus) en haut de l'échelle et l'homme noir (Homo afer) en bas (Linné, Systema Naturae, 10ème éd., 1758 (t. I, p. 20). Linné avait tort : il n'y a qu'une espèce humaine quelque soit l'origine géographique ou la couleur de peau.

Darwin (1809-1882) écrivit dans *The Descent of Man*, chapitre 6 : «*Dans un avenir pas très lointain si on compte par siècles, les races humaines civilisées vont certainement exterminer les races sauvages et prendre leur place à travers le monde. En même temps, comme l'a remarqué le Professeur Schaaffhausen, les singes anthropomorphes seront sans aucun doute exterminés. Le fossé entre l'homme et ses plus proches alliés sera alors plus large, car il séparera d'une part l'homme arrivé à un état plus civilisé, pouvons-nous espérer, que le Caucasien lui-même, et d'autre part quelque singe aussi inférieur que le babouin, au lieu de passer comme aujourd'hui entre le nègre ou l'aborigène australien d'une part et le gorille d'autre part.*» Darwin n'aurait pas dû séparer l'espèce humaine en races civilisées d'un côté et races sauvages de l'autre, en races supérieures d'un côté et en races inférieures de l'autre.

En 1864, William King appela l'homme de Néandertal, *Homo sapiens neanderthalensis* ; il en fit une sous-espèce d'*Homo sapiens*. Les scientifiques ont martelé pendant des décennies que *Homo neanderthalensis* était *sapiens*, puis, en 2003, ils le dégradèrent : ils lui enlevèrent son qualificatif *sapiens*. Ainsi, ce qu'ils avaient qualifié *sapiens* pendant des années ne le fut plus en un jour sans aucune explication.

Un morceau de crâne et quelques os ne permettent pas de dire si untel est *sapiens* et si tel autre ne l'est pas. Ce n'est pas en comparant les volumes cérébraux ou en analysant les ADN des

J'ai alors dit : « Que les femmes sexuées non sapiens qui sont si belles attirent les anges indécis. »

Comme c'était prévisible, les anges indécis furent attirées par elles et passèrent leur temps à côté d'elles. Ils leur soufflèrent dessus. Ils essayèrent de les soumettre. Mais les femmes détournaient la tête. Elles ne les écoutaient pas. Elles ne leur obéissaient pas. Elles écoutaient Ma voix. Elles M'obéissaient.

En ce temps-là l'humanité vivait l'âge d'or[159] en Eden.

Alors J'ai dit : « Qu'elle en profite car cela ne va pas durer. »

*Puis J'ai dit : « **Je n'aime pas que les anges indécis soufflent sur Mon image. Je n'aime pas l'odeur des états d'esprit indécis ; Je ne veux plus qu'ils enveloppent Mon image de leurs odeurs. Je ne veux plus que les anges indécis troublent l'image divine. Mais que puis-Je faire pour les en empêcher ? Je ne veux pas me battre contre eux.** »*

*Alors J'ai dit : « **S'ils veulent Mon image, eh bien qu'ils l'aient. Je la leur donne. Qu'ils en fassent ce qu'ils veulent. Je n'en veux plus. Je la leur laisse. Je m'éclipse. Je ne soufflerai plus dessus. Elle n'écoutera plus Ma voix.** »*

*J'ai ensuite dit : « **Qu'ils tournent sans scrupule autour des femmes et des filles. Qu'ils s'incarnent dans l'humanité pour jouir des plaisirs de la chair humaine et profiter des joies de la vie. Oui, qu'ils s'incarnent dans l'Homo non sapiens sexué, Ma dernière création.** »*

*J'ai enfin dit : « **Pour leur faciliter la tâche, Je leur donne la méthode[160] à***

---

animaux qu'on peut dire si untel est *sapiens* et si tel autre ne l'est pas.

L'adjectif *sapiens* signifie « *intelligent, sage, raisonnable, prudent* ». Le mot *sapiens* est issu du latin *sapio* qui signifie *«avoir du goût, de la saveur, du jugement»*.

Aujourd'hui, les scientifiques qui n'en sont plus à un paradoxe près se permettent de donner à leur espèce le qualificatif *«sapiens»* sans savoir ni pourquoi ni comment ni quand leur espèce est devenue *sapiens*.

«Nomina si nescis, perit cognitio rerum» (*«la connaissance des choses périt par l'ignorance du nom»*) *(Edward Coke).*

[159]. L'âge d'or fut un temps d'innocence, de justice, d'abondance et de bonheur, durant lequel les hommes et les femmes vécurent en paix, sans soucis, sans peines ni misères, sans aucune influence du temps sur eux, durant lequel les hommes et les femmes restèrent toujours jeunes, sans vieillir, sans avoir à travailler le sol puisque le sol produisait de lui-même une récolte abondante et que la terre jouissait d'un printemps perpétuel. (Ovide, *Les métamorphoses, Livre I* (Fable 3), verset 89 et suivants). (Virgile, *Les Bucoliques, V.*)

[160]. Méthode : Ensemble de démarches organisées et raisonnées que suit l'esprit pour arriver à un résultat, pour parvenir à un but.

suivre s'incarner dans l'humanité, dans l'Homo non sapiens sexué, une méthode en 4 points : 1) d'abord choisir une femme parmi les femmes enceintes ; 2) puis patienter à côté d'elle pendant sa gestation ; 3) ensuite l'assister pendant son accouchement et attendre que le cordon ombilical du bébé soit coupé ; 4) enfin se laisser aspirer par le bébé, à l'ouverture de la bouche, quand celui-ci pousse son premier cri, à sa première inspiration, pour pénétrer avec l'air dans ses poumons et envahir tout son corps par la voie du sang ! »

Les anges indécis virent que les filles d'hommes étaient belles et ils prirent pour femme celle de leur choix[161].

Que celui qui a des oreilles pour entendre entende ce que Je dis : « Lors de l'incarnation, les esprits choisissent librement leur mère. Ils s'incarnent à l'ouverture de la bouche[162], soit dans un bébé mâle, soit dans un bébé femelle. Ils s'incarnent volontairement. Ils choisissent ainsi librement leur corps, leur famille, leur mère et leur père. Ils ne peuvent pas faire autrement que vivre avec leur corps pendant toute leur vie humaine, dès la première inspiration jusqu'à la dernière expiration[163].

*Je le dis avec autorité : « **Un esprit incarné dans un Homo non sapiens est un « Homo sapiens »**[164].*

---

[161]. Genèse 6:2 : *Les fils de Dieu virent que les filles d'hommes étaient belles et ils prirent pour femme celle de leur choix.* Les anges indécis sont des fils de Dieu.

[162]. Le rituel hautement symbolique de l'*ouverture de la bouche* est sans aucun doute l'un des plus connus de l'Égypte antique. Ce rituel se faisait à la mort du défunt ; il s'appliquait à l'origine uniquement à la statue qui représentait le double du défunt. On l'obligeait à parler, à entendre, à voir, à retrouver ses cinq sens, pour que le défunt puisse passer, avec succès, les épreuves *(tribunal de l'au-delà, passage des portes, pesée de l'âme)* qui le préparaient à sa vie future, à sa prochaine réincarnation, à l'ouverture de la bouche de son nouveau corps.
Un esprit (les anges sont des esprits) ne s'incarne ni pendant l'acte de procréation, ni lors de l'accouplement, ni pendant le coït, ni par la vulve, ni par la vagin, ni par l'utérus, ni pendant la gestation, ni pendant la formation de l'embryon, ni pendant la grossesse du fœtus mais à uniquement à l'ouverture de la bouche, à la première inspiration du bébé. Les embryons pendant la période embryonnaire et les fœtus pendant la période fœtale n'ont pas d'esprit en eux, ce ne sont que des corps matériels. Les femmes accouchent toujours d'un corps sans esprit en lui. Les femmes qui avortent ou qui font une fausse couche ou qui accouchent d'un enfant mort-né n'ont pas à culpabiliser.

[163]. Ceux qui pratiquent le yoga prennent conscience de leur respiration, de son importance pour le corps et des sensations qu'elle procure à chaque inspiration et expiration. *Prana* est le souffle, l'énergie. *Yama* est le contrôle. Le *pranayama* est par conséquent le contrôle du souffle et de l'énergie vitale qui circule dans le corps.

[164]. La différence entre un Homo non sapiens et un Homo sapiens est uniquement spirituelle : l'Homo non sapiens et l'Homo sapiens ont le même physique ; l'Homo non sapiens n'a pas d'esprit en lui, l'Homo sapiens en a un.

Je le dis encore avec autorité : « ___Un esprit incarné dans un corps humain est une « âme humaine »___[165].

Je l'affirme : « ___Un Homo sapiens est une âme humaine.___ »

Je le confirme : « ___Un Homo sapiens a un esprit propre en lui . C'est l'esprit qui vivifie, la chair ne sert de rien___166. »

Je suis obligé de le reconnaître : « L'esprit diabolique n'a pas menti lorsqu'il a dit aux Homo non sapiens : « Dieu sait très bien que du jour où vous mangerez des fruits de l'arbre de la connaissance du bonheur et du malheur, *vos yeux s'ouvriront et que vous serez alors comme des dieux possédants la connaissance*

-----

[165]. L'âme, du latin *anima*, est le souffle, la respiration. Du grec *psyché*, l'âme est le principe vital et spirituel. De l'hébreu *nèphèsh*,נֶפֶשׁ, l'âme est la vie, l'ego, le soi-même. De l'arabe *nafs*, نَفْس, de l'indien *Ātman*, du sanskrit IAST, du pali *attā,* l'âme est au-delà du perceptible. ___Une âme humaine est un esprit qui s'est incarné au moins une fois dans un corps humain.___ Une âme n'est intelligible que par l'esprit.

[166]. Jean 6:63. Les spécialistes du cerveau, les neurologues et les neuropsychiatres affirment que le cerveau produit l'esprit mais sans savoir ce qu'est l'esprit et sans être capable d'expliquer comment le cerveau qui est matériel et mortel produit ce qui est spirituel et immortel. L'esprit et l'âme ne se limitent pas au cerveau. Dans le même ordre d'idée, le cerveau est souvent confondu avec le mental. Le mental, par définition, est ce qui se fait dans l'esprit seulement, sans expression orale ou écrite, ce qui appartient au mécanisme de l'esprit, ce qui fait appel aux facultés intellectuelles de l'esprit. L'esprit étant le principe vital de l'âme humaine et l'âme humaine étant un esprit incarné dans un corps humaine et l'esprit étant éternel, on en déduit que l'âme est éternelle. Or le cerveau est mortel. Le cerveau n'est donc pas un principe vital. Le cerveau ne peut donc par conséquent ni être à l'origine de l'esprit ni produire l'esprit.
Les Égyptiens et les Mésopotamiens anciens, mais aussi les Grecs et les Romains anciens, ont cru en l'esprit et en l'âme. Ils ont cru en l'incarnation et en la réincarnation. Les Indiens d'Amérique du Nord, les aborigènes d'Australie, les hindouistes, les jaïnistes, les bouddhistes, les sikhs, les yézidistes, les juifs, les protestants, les catholiques, les très nombreux groupes tribaux africains et tous les groupes spiritualistes ont eux aussi cru en l'esprit, en son incarnation, en l'âme, en sa réincarnation. Ils parlaient de l'esprit, des esprits. Ils parlaient de l'âme, des âmes. Ils étudiaient leur propre esprit, leur propre âme. Ils connaissaient la vie des esprits et des âmes. Les scientifiques sont obnubilés par la matière. Ils font de l'esprit et veulent faire preuve d'esprit dans savoir ce qu'est l'esprit. Ils veulent étudier l'âme et la comprendre sans savoir ce qu'est une âme et comment un esprit devient une âme. L'âme ne s'explique pas par le cerveau ni par la matière. Elle ne s'explique pas matériellement. Elle s'explique spirituellement. Les matérialistes ne croient pas en l'esprit, ils ne peuvent pas par conséquent comprendre ce qu'est l'âme. Les matérialistes n'attachent aucune valeur à l'esprit, aux esprits, aux âmes, aux anges, aux dieux et à Dieu, ils ne se fient qu'à ce qu'ils voient, qu'au monde des apparences, qu'à la matière, ils ne peuvent pas par conséquent faire preuve d'esprit, ils ne peuvent pas par conséquent expliquer la matière puisque la matière ne s'explique pas par elle-même ni matériellement mais seulement par l'esprit, spirituellement.

du bonheur et du malheur[167]. » En effet, en aspirant, en avalant, en ingérant, en assimilant un ange indécis en eux les yeux des Homo non sapiens s'ouvrirent et la connaissance du bien et du mal en lui fut en eux. »

Je me suis alors adressé aux dieux et aux anges divins et leur ai dit : « <u>Avec un ange indécis en eux, les Homo non sapiens sont comme des dieux, comme l'un de nous. Ils sont conscients du bien et du mal[168], ils ont en eux la connaissance indécise, celle du bonheur et du malheur[169]. Ils parlent la langue des anges indécis, langue qui est aussi la nôtre mais encore celle des anges diaboliques. Ils peuvent désormais parler d'égal à égal avec nous. Alors qu'ils parlent avec nous.</u> »

Je suis obligé aussi de le reconnaître : « L'esprit diabolique a menti lorsqu'il a dit aux Homo non sapiens : « Mais non vous ne mourrez pas si vous mangez des fruits de l'arbre de la connaissance du bonheur et du malheur[170]. » En effet, en mangeant de l'arbre de la connaissance du bonheur et du malheur, les Homo non sapiens, comme Je les en avais avertis, devaient mourir sur le champ[171].

*Alors J'ai dit aux dieux divins : « <u>**L'humanité a mangé de l'arbre dont Je lui avais prescrit de ne pas manger. Elle doit donc mourir. Qu'elle meure ! Qu'elle soit mortelle jusqu'à sa fin.**</u> »[172]*

*Alors J'ai encore dit aux dieux divins : « <u>**L'Homo non sapiens qui était immortel et qui est désormais mortel. Ne peut plus être Mon image ni la vôtre !**</u> »*

*J'ai enfin dit aux dieux divins : « <u>**L'humanité qui est devenue en partie indécise puisque des anges indécis se sont incarnés en elle n'est donc plus dans sa totalité l'image du divin. Elle ne peut donc plus être Mon image ni la vôtre. Alors Je le décrète : à partir de maintenant l'Homo non sapiens n'est donc plus notre image sur Terre. Nous n'avons donc plus en ce début de septième Jour**</u>*

---

167. Genèse 3:5.

168. Genèse 3:22.

169. *« J'ai dit : vous êtes des dieux. »* (Jean 10:34). Les Homo sapiens sont pour la plupart des dieux qui s'ignorent.

170. Genèse 3:4.

171. L'Homo sapiens et l'Homo non sapiens ayant le même physique, si l'un devient mortel, l'autre aussi.

172. Genèse 2:16-17.

d'image sur Terre. »

J'ai alors soupiré : « Les hommes et les femmes ne sont que poussière, qu'ils retournent à la poussière[173] ! »

*Que celui qui a des oreilles pour entendre entende ce que J'ai déclaré en ce début de septième jour : « **L'Homo sapiens rend l'âme à son dernier soupir. Il rend l'esprit à sa dernière expiration. Au dernier souffle, son âme est libérée du corps. Elle redevient alors comme un ange, mais comme un ange qui a connu la vie humaine[174]. Deux possibilités s'offrent alors à elle : soit se réincarner pour revivre une ou plusieurs vies humaines soit ne pas se réincarner et errer comme un zombi[175] dans le royaume des morts[176]. »***

Oui Je le dis : « C'est grâce à la langue et à la parole indécise[177] que les

---

[173]. Genèse 3:19.

[174]. Il y a une grande différence entre un ange qui devient une âme humaine et un ange qui ne devient pas une âme humaine et entre un dieu qui devient un ange et un dieu qui ne devient pas un ange. En effet, plus un esprit est en contact avec la matière moins il est libre. Ainsi, une âme humaine est moins libre qu'un ange et un ange est moins libre qu'un dieu. L'âme humaine matérialiste, celle qui s'attache aux biens, aux valeurs et aux plaisirs matériels, est moins libre que l'âme humaine spiritualiste, celle qui place la vie et les biens spirituels au-dessus de tout. *"Le spiritualiste n'est pas celui qui croit à deux substances grossièrement accouplées [le corps et l'esprit]; c'est celui qui est persuadé que les faits de l'esprit ont seuls une valeur transcendantale"* (Renan, *Avenir sc.,*1890, p. 478). *"La grande erreur des doctrines spiritualistes a été de croire qu'en isolant la vie spirituelle de tout le reste, en la suspendant dans l'espace aussi haut que possible au-dessus de terre, elles la mettaient à l'abri de toute atteinte"* (Bergson, *Évol. créatr.,*1907, p. 268). L'esprit d'une âme matérialiste n'est pas comparable à celui d'une âme spiritualiste.
Les psychologues, les psychothérapeutes, les psychanalystes et les psychiatres étudient les âmes. Ils cherchent à les soigner et à les guérir. Mais que connaissent-ils de l'âme et des âmes ? Que comprennent-ils à l'esprit et aux esprits ? Peuvent-ils comprendre, soigner et guérir une âme s'ils ignorent ce qu'est l'esprit, s'ils ne savent pas qu'une âme humaine est un esprit incarné dans un corps humain ? Seul l'esprit peut guérir l'âme.
Le psy dit que l'esprit couvre à la fois le conscient et l'inconscient. Un corps sans conscience n'a aucune science. *« Science sans conscience n'est que ruine de l'âme .»* (*Pantagruel*, Rabelais).

[175]. Le mot « zombi » (en créole *zonbi*) signifie dans les croyances créoles antillaises « esprit » ou « revenant ». Il désigne également des dieux esprits de tribus africaines (ds *Encyclop.* t. 11, p. 82a, *s.v. Nègre*). Un zombi est le fantôme d'un mort. Dans le folklore vaudou c'est un esprit qui peut se mettre au service d'un sorcier, il peut être malfaisant (Burat-Gurgy, *Le Lit de camp*, III, p. 43 [Souverain] ds Quem. *DDL* t. 21).

[176]. Dans la mythologie grecque, le royaume des morts désigne le lieu situé sous la surface de la Terre dans lequel les âmes errent sans penser ni ressentir, tels des zombies éternels.

[177]. *La parole est propre à l'esprit.* Sans esprit il n'y a pas de parole. L'Homo sapiens parle parce qu'il un esprit en lui. La parole humaine est innée. Est *inné* par définition ce qui appartient à l'être dès sa naissance, sans avoir nécessairement un caractère héréditaire. La parole ne dépend

hommes et les femmes sapiens se sont donnés un nom. Le premier homme sapiens s'est appelé Adam[178] et il appela sa femme du nom d'Ève[179], c'est-à-dire La Vivante[180]. »

Oui Je le dis : « Sans les femmes les anges indécis n'auraient jamais pu prendre chair181. Sans elles, les âmes humaines n'auraient jamais pu voir le jour. Sans les femmes, il n'y aurait jamais eu d'humanité sapiens. »

Oui Je le dis : « Les hommes et les femmes dès qu'ils sont devenus sapiens ont pris conscience qu'ils étaient nus. Pour cacher leur nudité, ils se sont faits des pagnes en cousant des feuilles de figuier[182]. Lorsqu'ils ont entendu Ma voix qui se

---

pas du caractère génétique. *Idées innées* : "*Ensemble de représentations plus ou moins confuses, voire de notions, qui constitue le psychisme humain dès la naissance de l'individu*" (Legrand 1972). L'Homo sapiens n'a pas inventé la parole.

Le langage est le propre de l'homme. Cette phrase formulée par Aristote, signifie que l'homme se distingue des autres êtres vivants en ce que lui seul est doué du langage ou de la parole. Le langage ne s'observe que dans l'espèce humaine, le langage comme la parole est donc le propre de l'homme. C'est par la parole, par l'esprit, que les âmes humaines, les anges et les dieux peuvent communiquer entre eux.

Nietzsche, influencé essentiellement par Friedrich-Albert Lange et par Arthur Schopenhauer et dans une moindre mesure par Darwin, spécula sur l'évolution de l'Homo sapiens. L'Homo sapiens peut-il devenir un « Surhomme », un « Surhumain », un individu avec un organisme plus riche et plus complexe et avec une spiritualité moins médiocre et moins faible ? Depuis qu'il existe l'Homo sapiens indécis n'a pas évolué physiquement. Spirituellement, trois choix s'offrent à lui : soit se diviniser, soit rester indécis ou douter, soit se diaboliser. L'Homo sapiens ne deviendra jamais un « Surhomme » ou un « Surhumain ». Pourquoi ? Pour la simple raison que l'Homo sapiens qui est un dieu incarné ne peut pas être plus qu'un dieu ! Que peut-il être de plus qu'un dieu ? Un « Surdieu » ?

[178]. *Adam* fut le premier Homo sapiens masculin. *Adam* est en hébreu אדם. Le mot *terre* est en hébreu אדמה. Le mot *Adam* et *le mot terre* ont le Aleph et le Dalet en commun. *Adm* signifie *l'humanité* en langue ougaritique. *Adâmâ* signifie *le sol* en hébreu. *Ha-adam*, c'est *le terreux, le glaiseux*, celui qui a été tiré du sol, de la matière terrestre car *Ha-adama* c'est *la terre, la glaise*. *Adom*, c'est ce qui est *rouge*, comme le sang. *Adam*, c'est encore l'*humus* de la terre. Le mot latin *humus* signifie *terre*. Le mot latin *humus* et le mot *homo* « homme », proviennent tous les deux de la racine indo-européenne *ghyom-* signifiant *terre* (cf. J. Picoche 1994, p.287). *L'âme Adam*, c'est *ED*, l'*énergie vitale*, le *siège de la terre*. *DAM*, c'est le *sang*, le *siège de l'âme*. *ADAM MA*, c'est *l'homme-quoi*, l'homme qui pose des questions, et qui, s'il est de bonne foi, trouve les réponses à toutes les questions qu'il se pose. Adam, c'est l'homme qui a un esprit en lui, c'est l'homme qui pense et qui réfléchit. C'est l'homme qui a un dieu en lui, qui est devenu comme Dieu. *EDAME*, c'est l'Homo sapiens qui, s'il recherche Dieu, peut s'élever très haut spirituellement mais qui, s'il s'oppose à Dieu, peut descendre très bas spirituellement.

[179]. *Ève* fut le premier Homo sapiens féminin. *Ève*, c'est חַוָּה, *ḥawwā(h)*, en hébreu et حواء, *Hawwa*, en arabe. En hébreu, au sens littéral, le nom *Ève* signifie *« celle qui donne la vie »*.

[180]. Genèse 3:20. Les anges indécis sont des Vivants. Incarnés ils sont toujours des Vivants.

[181]. Prendre chair : s'incarner. L'esprit qui s'incarne prend chair. Le verbe qui s'incarne se fait chair. La parole qui s'incarne prend chair.

[182]. Le figuier est le symbole de l'Orient. C'est l'arbre « nourricier », bienveillant, protecteur,

promenait dans le jardin au souffle du jour, ils sont allés se cacher au milieu des arbres du jardin[183].

Alors J'ai appelé l'homme et lui ai dit : « Où es-tu ? »

L'homme sapiens 184Me répondit : « J'ai entendu Ta voix dans le jardin, j'ai pris peur car j'étais nu[185] et je me suis caché. »

Je lui ai alors dit : « Qui t'a révélé que tu étais nu ?[186] Est-ce que tu as mangé de l'arbre dont Je t'avais prescrit de ne pas manger ? »

L'homme sapiens indécis ne répondit pas à Ma première question. Il ne voulut pas Me dire qui lui avait révélé qu'il était nu. Il répondit à moitié à la seconde. Il Me dit : « La femme que Tu as mise auprès de moi, c'est elle qui m'a donné du fruit de l'arbre, et j'en ai mangé[187]. »

Je lui ai alors répondu : « C'est l'esprit indécis qui est en toi qui t'a révélé que tu étais nu. Ce n'est personne d'autre. Tu ne devais pas manger de l'arbre de la connaissance du bonheur et du malheur. Tu n'étais pas obligé d'écouter la femme. Tu n'étais pas obligé de manger de l'arbre de la connaissance du bonheur et du malheur. Tu en as mangé, tu m'as donc désobéi. Tu es seul responsable. Tu n'as pas à te décharger sur la femme. »

Me tournant ensuite vers la femme, Je lui ai dit : « Qu'as-tu fait là ! »

---

symbole de survie mais aussi de fécondité et de richesse naturelle. Dans le Moyen Orient, les ancêtres des Sumériens le cultivaient à Babylone. Il y a plus de 5 000 ans les Égyptiennes faisaient avec la figue des boissons pour les grandes cérémonies, mais aussi des produits pharmaceutiques. Pour protéger ce fruit « plus précieux que l'or », pour en préserver son mystère, les Grecs en interdisaient, dit-on, l'exportation. Platon, surnommé philosukos, « celui qui aime les figues », à cause de son grand amour pour les figues, n'hésitait pas à les conseiller aux philosophes pour qu'ils deviennent plus intelligents.

La tradition bouddhique affirme que Çakya-Muni, le Bouddha historique, a connu l'éveil sous le figuier des pagodes (ficus religiosa). *Sous le figuier, le Tathâgata a découvert le chemin du milieu, celui qui crée l'œil, qui crée la connaissance, qui conduit à l'apaisement, à la connaissance surnaturelle, à l'Éveil complet, à l'Extinction. Ce chemin est la sainte Voie aux huit membres, à savoir l'opinion correcte, l'intention correcte, la parole correcte, l'activité correcte, les moyens d'existence corrects, l'effort correct, l'attention correcte et la concentration correcte.* (Vinayapitaka des Theravâdin, édition siamoise, vol. IV, pp. 17-23 in Bareau, Bouddha, pp. 90-93).

[183]. Genèse 12:8.

[184]. Il pouvait parler désormais d'égal à égal avec Dieu.

[185]. Genèse 3:10.

[186]. Genèse 3:11

[187]. L'Homo non sapiens, sans esprit en lui, ne pouvait pas avoir conscience qu'il était nu, nu matériellement et nu spirituellement. Ce n'est qu'après avoir avalé un esprit, qu'après être devenu sapiens qu'il prit conscience qu'il était nu. L'homme conscient comprit dès lors qu'il avait désobéit. Pris la main dans le sac, il préféra ne pas répondre à la question posée par Dieu. Il préféra décharger sa conscience en accusant la femme. Il aurait dû répondre à Dieu : *« C'est l'ange qui est en moi qui m'a dit que j'étais nu et qui m'a dit d'aller me cacher. Depuis qu'il est en moi, je sais que je suis nu et que je peux parler avec Toi, d'égal à égal. »*

La femme sapiens indécise ne disserta pas sur ce qu'elle avait fait. Elle biaisa sa réponse en Me disant : « Le serpent[188] m'a trompée et j'ai mangé. »

Je lui ai répondu : « Le serpent ne t'a pas trompé. Il a dit la vérité en te disant que tes yeux s'ouvriraient si tu mangeais de l'arbre de la connaissance du bonheur et du malheur. Tu en as mangé, tu m'as donc désobéi. Tu es seule responsable. »

Alors Je me suis tourné vers le serpent et lui ai dit : « Tu as trompé la femme en lui disant qu'elle ne mourrait pas si elle mangeait de l'arbre de la connaissance du bonheur et du malheur. À cause de ton mensonge éhonté, Je te maudis[189] entre toutes les bêtes de la Terre. Je te condamne à ramper et à te nourrir de poussière comme un ver tout le reste de ta vie. La femme t'écrasera la tête et Toi tu la meurtriras au talon[190]. »

Alors le Diable se retourna vers Moi et Me répondit : « Pourquoi T'en prends-tu à mon image, au serpent ? Que t'a-t-elle fait ? Pourquoi ne t'adresses-tu pas directement à moi, le Satan, le Dragon, le Séducteur du monde entier191. Pourquoi me maudis-Tu ? Pourquoi veux-Tu que la femme m'écrase la tête et que je la pique au talon ? »

Je lui ai alors répondu : « Tu es rampant, fourbe, perfide, insidieux, sournois, hypocrite, mensonger, mauvais. Tu es diabolique, voilà pourquoi Je te maudis. Tu seras la cause du malheur de la femme. Elle te le fera payer, elle s'en prendra à toi, elle te mènera la vie dure, elle se rebellera, elle t'écrasera la tête. Tu ne supporteras pas qu'elle s'oppose à toi. Tu ne supporteras pas qu'elle t'écrase la tête. Alors tu la piqueras au talon. »

Alors Je me suis retourné vers la femme indécise et lui ai dit : « Je te condamne parce que tu as écouté l'esprit diabolique et parce que tu as maintenant un esprit indécis en toi. Tu ne vivras plus dans le bonheur mais dans le bonheur et le malheur. Tu seras écartelée entre le bien et le mal, entre le bon et le mauvais, entre le doux et le dur, entre le froid et le chaud, entre le blanc et le noir, entre le jour et la nuit, entre le désir et la colère, entre le plaisir et la souffrance. Tu enfanteras dans la douleur. Tu seras avide de ton homme. Tu le désireras avec

---

[188]. La femme n'a pas répondu à la question posée par Dieu. Elle aurait dû répondre : *« J'ai mangé un ange indécis. J'ai désormais un esprit indécis en moi. Je suis devenue sapiens. C'est pourquoi je comprends ta question et c'est aussi pourquoi je préfère ne pas y répondre. À la place, je préfère décharger ma conscience en accusant le serpent. »*
Le serpent symbolise l'esprit diabolique. L'esprit diabolique a parlé à la femme non sapiens en se servant de son image et l'a trompée.
[189]. Maudire : Réprouver en proférant des paroles de malédiction, vouer une personne au malheur en appelant sur elle la malédiction divine, en proférant à son sujet des imprécations.
[190]. Genèse 3:14-15.
[191]. Apocalypse 12:9.

*voracité et passion ; mais lui te dominera[192]. Tu es désormais mortelle !
Recherche-Moi ! Aime-Moi si tu veux revenir vers Moi et vivre avec Moi
éternellement ! »*

*Je me suis ensuite retourné vers l'homme indécis et lui ai dit : « Je te condamne
parce que tu as écouté la voix de la femme et parce que ton esprit est indécis. À
cause de toi, Je maudis le sol qui te porte. Il deviendra dur à travailler ; il fera
pousser des épines et des chardons ; tu devras le travailler pour t'en nourrir ; tous
les jours de ta vie tu mangeras du pain à la sueur de ton front. Tu es désormais
mortel ! Tu retourneras au sol d'où tu as été pris. Tu n'es que poussière et à la
poussière tu retourneras[193]. Recherche-Moi ! Aime-Moi ! Deviens divin si tu veux
revenir vers Moi et vivre avec Moi éternellement !»*

*Alors J'ai déshabillé l'homme et la femme de leur pagne en feuilles de figuier
et les ai revêtus de peaux de bêtes[194]. Et Je leur ai dit : « Vous n'êtes plus l'image
du divin sur Terre. Vous êtes des êtres indécis et les bêtes sont vos images. »*

*Alors J'ai dit : « **L'Homo sapiens indécis est sur Terre. Le septième Jour peut
véritablement commencer. »***

*J'ai ajouté : « **<u>Je décrète la fin de l'âge d'or</u>**[195]. **<u>Je retire l'arbre de vie du
milieu du jardin.</u>** Je l'enlève de la Terre. Je le déplace sur la planète Mercure.
L'humanité indécise ne pourra pas tendre la main vers lui pour en manger les
fruits et vivre à jamais, il est trop loin. Je demande maintenant aux anges divins
qui sont sur Vénus et qui ont la flamme de l'épée foudroyante de le protéger, d'en
empêcher l'accès[196], d'en garder le chemin. »*

*Dans la foulée J'ai dit : « **<u>Je détruis aujourd'hui même le jardin qui est en
Eden !</u> Je le noie sous les eaux**[197]. **<u>J'en chasse l'humanité</u>**. »*

---

[192]. Genèse 3:16.

[193]. Genèse 3:17-19.

[194]. Genèse 3:21.« *Dieu fit pour Adam et sa femme des tuniques de peau dont il les revêtit* ». La
peau de bête est un symbole indécis.

[195]. L'âge d'or a pris fin il y a environ 6 000 ans.

[196]. Genèse 3:22-24. Pour pouvoir manger les fruits de l'arbre de vie qui est sur Mercure, les
âmes doivent quitter la Terre et monter au ciel. Arrivées sur la planète Vénus, elles peuvent
tendre la main vers l'arbre de vie, en manger et vivre à jamais.

[197]. À la fin du dernier âge glaciaire, il y a environ 6 000 ans, Jody Webster écrit que le niveau
des mers est monté de 120 m en moins de 500 ans selon (Jody Webster, « Drowning of the -150
m reef off Hawaii : A casualty of global meltwater pulse », (*Geology and GSA Today*, The
Geological Society of America, Inc., 23 février 2004, p. 249–252) ; Jennifer D. Stanford, Eelco

Alors le Jardin en Eden fut noyé sous les eaux du Golfe Persique. Il ne fut plus qu'un lointain souvenir.

J'ai alors dit : « Mon esprit ne dirigera plus l'humanité[198]. L'âge d'or est terminé. »

*Que celui qui a des oreilles pour entendre entende bien ce que Je dis : « **Le septième Jour est le Jour de l'Homo sapiens.** »*

*Alors J'ai dit : « **Que l'histoire du septième Jour, celle de l'Homo sapiens, commence !** »*

Puis J'ai dit : « Que l'humanité sapiens indécise vive avec son propre souffle. Que l'indécision l'envahisse. Qu'elle disserte sur la relativité des choses. Qu'elle soit tiraillée entre le bien et le mal. Qu'elle résiste au souffle diabolique, à la langue vipérine. Qu'elle écrase l'esprit diabolique. Qu'elle ne se fasse pas mordre par lui. »

*J'ai ajouté : « **Je ne désire qu'une seule chose : que les âmes humaines Me recherchent. Qu'elles M'appellent. Qu'elles Me prient. Qu'elles se relient à Moi par l'esprit, par la parole. Qu'elles fassent un avec Moi, avec les anges divins et avec les dieux divins. Qu'elles M'aiment. Qu'elles aiment les dieux et les anges divins. Qu'elles les prient. Que les anges divins les aident et les guident. Qu'au final, à la fin des fins, elles reviennent vers Moi !** »*

J. Rohling, Sally E. Hunter, Andrew P. Roberts, Sune O. Rasmussen, Edouard Bard, Jerry McManus et Richard G. Fairbanks qu'il est monté de 120 m en moins de 200 ans (« Timing of meltwater pulse 1a and climate responses to meltwater injections », *Paleoceanography*, American Geophysical Union, vol. 21, n°4, 9 décembre 2006, p. 4103). La montée rapide des eaux noya le jardin en Eden. Il gît aujourd'hui sous les eaux du Golfe Persique. Les scientifiques s'accordent à dire que la profondeur du Golfe Persique est inférieure à 100 mètres.
L'humanité après avoir été chassée du jardin d'Eden monta en Eden vers le nord en Sumer mais se déplaça aussi vers l'ouest en Égypte.
Du fleuve qui traversait le jardin en Eden, il ne reste aujourd'hui que ses quatre affluents : le Pishôn (l'actuel Wadi Al-Rummah, long de 600 km, prolongé par le Wadi Aloddi, long de 45 km, et par le Wadi Al-Batin, long de 450 km qui fait la frontière entre l'Irak et le Koweït), l'Euphrate, le Tigre et le Guilhôn (l'actuel Rud-e-Karun).
La végétation luxuriante de l'Eden fut anéantie fut entre temps recouverte par des sédiments et des sables. Le sol de l'Eden est constitué aujourd'hui de sables désertiques et de champs pétrolifères.
[198]. Genèse 6:3.

Je le dis : « Sans l'aide des anges divins, les âmes humaines ne peuvent pas sortir des ténèbres[199]. Sans eux, elles ne peuvent pas aller vers la lumière, monter au ciel, gagner Vénus, s'approcher de l'arbre de vie, en prendre et en manger et vivre éternellement divinement. Sans la lumière divine, les âmes indécises ne font que discourir sans fin sur leur propres ombres et sur le monde des apparences qui les entoure. Sans le message divin, elles ne peuvent que stagner dans la réalité du monde d'en bas. Sans l'esprit divin, elles ne peuvent pas connaître la réalité du monde d'en haut. Sans la vérité divine, elles sont prisonnières du monde sensible. Avec la vérité divine, elles accèdent au monde des Idées, à l'Idée de Bien, à l'Idée qui est la cause universelle de toute rectitude et de toute beauté[200]. En se

---

[199]. L'âme humaine est libre. Elle peut quitter la ténèbre pour aller vers la lumière. L'Homo sapiens peut sortir de la caverne. S'il va vers la lumière, il peut devenir en quelque sorte le Surhomme de Nietzsche.

L'allégorie de la Caverne, exposée par Platon, met en scène des hommes enchaînés et immobilisés dans une « demeure souterraine ». Ces hommes emprisonnés avec leurs objets tournent le dos à l'entrée de la caverne. Ils ne sont jamais sortis de la caverne. Ils n'ont jamais vu directement la source de la lumière du jour. Ils n'en connaissent que le faible rayonnement qui parvient jusqu'à eux. Des choses et d'eux-mêmes, ils ne connaissent que leurs propres ombres et celles des objets qui sont avec eux projetées sur les parois de la caverne par un feu allumé derrière eux. Des sons, ils ne connaissent que les échos. *« Ils nous ressemblent »*, observe Glaucon, le frère de Platon, l'élève et l'interlocuteur de Socrate. Si l'un d'entre eux est libéré de ses chaînes et accompagné de force vers la sortie, il est d'abord cruellement ébloui par une lumière qu'il n'a pas l'habitude de supporter. Il souffre de tous les changements. Il résiste et ne parvient pas à percevoir ce qu'il y a dehors. S'il persiste, il s'accoutume. Il peut alors voir « *les merveilles du monde intelligible* », les merveilles du « monde d'en haut ». Il peut alors prendre conscience de sa condition antérieure. Après avoir vu la lumière, il peut retourner auprès de ses semblables, mais ces derniers qui sont incapables d'imaginer ce qui lui est arrivé douteront sans aucun doute de ce qu'il dira et refuseront de le croire.

La caverne de Platon symbolise le monde sensible, le monde des images, le monde des apparences, le monde matériel, le monde de ceux qui pensent accéder à la vérité uniquement par leurs sens, le monde de ceux qui ne jurent que par le monde matériel, le leur, un monde d'ombres, un monde de symboles, un monde d'illusions.

L'homme qui sort de la caverne, sort du monde des apparences, du monde matériel ; il arrive à la lumière du jour; il accède à la connaissance de l'esprit, au monde des Idées, au monde des esprits, à la réalité spirituelle, à la Vérité de l'Esprit.

L'homme qui a pris conscience de la Réalité et de la Vérité et qui veut partager son expérience spirituelle avec ceux qui sont restés dans l'illusion sait que, s'il retourne vers ces derniers, dans la caverne, il se heurtera à leur incompréhension et à leur hostilité, car les gens de la caverne ne veulent pas changer leurs habitudes ni leur façon de penser ; ils ne croient qu'au monde matériel ; ils refusent l'existence du monde spirituel ; ils préfèrent l'obscurité à la lumière.

[200]. « *L'œil de l'âme* », « *La partie la plus noble de l'âme* », est une expression répétée plusieurs fois par Platon (518 c-d, 532 b, 533 d). « *L'œil de l'âme* » permet de recouvrir la vue. « *L'œil de l'âme* » de Platon est proche de *l'œil du Bouddha*. Grâce à cet œil, Siddhārtha Gautama recouvrit la vue et put accéder au nirvana. Le titre de bouddha (terme sanskrit *buddha* « éveillé », participe passé passif de la racine verbale *budh-*, « s'éveiller » (*The Sanskrit Heritage Dictionnary* de Gérard Huet)) désigne une personne ayant, notamment par sa sagesse (prajñā), réalisé l'éveil, c'est-à-dire atteint le nirvana. Le nirvana du sanskrit *devanagari*, calque du pali *nibbāna*, signifie « extinction » d'une flamme ou d'une fièvre, étymologiquement « ex-

dépouillant de toute trace de sensation elles acquièrent un raisonnement pur avec lequel elles montent jusqu'aux «réalités intelligibles». »

Je le dis : « **Le septième Jour a commencé avec le premier Homo sapiens, il se terminera avec le dernier**[201]*.* <u>**Le septième Jour est le Jour de l'Homo sapiens, celui de l'Histoire humaine, celui des âmes humaines**</u>[202]*. »*

J'ajoute : « Que ceux qui Me recherchent aient les yeux et l'esprit ouverts. Qu'ils se réfèrent à Mon programme, à Ma révélation, à Mon apocalypse. Qu'ils en connaissent le début, le déroulement et la fin. Qu'ils en parlent au grand jour. »

Je termine en disant : « Aimez-Moi ! Rendez-Moi témoignage ! Sortez du monde ! Trompetez Ma Vérité ! Dévoilez Mon programme ! Claironnez-le ! Soyez Mes Témoins ! Dites haut et fort ce que l'esprit du monde cherche à taire ! Soyez Mes Prophètes ! Si le monde vous méprise, sachez que Moi Je ne vous méprise pas[203] *! Ne soyez pas du monde ! Le monde aime ce qui est à lui ! Le monde hait ceux qui ne sont pas à lui ! Le monde n'écoute pas et n'entend pas ce qui ne vient pas de lui*[204] *! Le monde hait ceux qui M'aiment ! Ceux qui M'aiment sont dans le monde mais ne sont pas du monde*[205] *! Ceux qui M'aiment n'aiment pas le monde ni ce qui est dans le monde*[206] *! Le monde ne connaît pas ceux qui M'aiment : il ne M'a pas découvert*[207] *! Sortez du monde ! N'écoutez pas ses journalistes, ils sont dans la caverne. Les témoins du monde sont dans les ténèbres. Ils inonder les foules de propos indécis et d'images diaboliques. Ils sont du monde aussi parlent-*

---

spiration » et est synonyme par extension d'« apaisement » puis de « libération ». Le mot nirvana est devenu, en chinois *nièpán*, en japonais *nehan*, en coréen *yolban*, en tibétain *myang-'das* ou *myan-ngan 'das-pa* (litt. : *passer au-delà la souffrance*), en thaï *nípphaan* et en khmer *nipean*. Il est partout présent sur Terre, pas seulement en Extrême-Orient. Le titre de bouddha est désigné par d'autres qualificatifs : « Bienheureux » (*Bhagavat*), « Celui qui a vaincu » (*Jina*), « Ainsi-Venu » (*Tathāgata*). Devient bouddha celui qui sort de la caverne et qui accède à la lumière.

[201]. *« Il y eut un soir, il y eut un matin »*. Cette phrase est mentionnée à la fin de chacun des *six premiers Jours* de la création de l'Univers. Elle n'est pas formulé dans le *septième*. Pourquoi ? Parce que le *septième Jour* dans lequel nous sommes n'est pas fini.

[202]. Malraux peut dormir tranquille : les dieux sont réintégrés. Nous les avons réintégrés. Les portes de la connaissance sont à nouveau ouvertes. Les tenants et les aboutissants de l'Histoire humaine sont désormais accessibles.

[203]. Marc 6:4. *Un prophète n'est méprisé que dans sa patrie, parmi ses parents et dans sa maison.*

[204]. Jean 15:19.

[205]. Jean 17:14-18.

[206]. 1 Jean 2:15.

[207]. 1 Jean 3:1.

ils le langage du monde, et le monde les écoute[208]. »

Que celui qui a des oreilles pour entendre entende ce que Je dis : « Le langage du monde est celui du mensonge[209]. Le monde tout entier gît sous l'emprise du Mauvais[210]. Tout ce qui est dans le monde est convoitise de la chair, convoitise des yeux et confiance orgueilleuse dans les biens[211]. **L'amitié envers le monde est hostilité contre Moi. Celui qui est ami du monde est Mon ennemi212. »**

---

[208]. 1 Jean 4:5.

[209]. 1 Jean 4:1-3.

[210]. 1 Jean 5:19.

[211].1 Jean 2:15-16 : *«N'aimez point le monde, ni les choses qui sont dans le monde. Si quelqu'un aime le monde, l'amour du Père n'est point en lui ; car tout ce qui est dans le monde, la convoitise de la chair, la convoitise des yeux, et l'orgueil de la vie, ne vient point du Père, mais vient du monde. »*

[212]. Jacques 4:4 : *« Ne savez-vous pas que l'amour du monde est inimitié contre Dieu? Celui donc qui veut être ami du monde se rend ennemi de Dieu. »*

Conclusion

Tout est clair, simple, cohérent, logique et lumineux. Nous avons les yeux et l'esprit ouverts. Nous savons qui est Dieu. Nous savons qui nous sommes : des dieux[213],[214]. Nous savons pourquoi et comment Dieu nous a créés. Nous savons d'où nous venons et où nous sommes. Nous parlons d'égal à égal avec Dieu, avec les esprits, avec les dieux, avec les anges et avec les âmes. Nous savons qu'elle fut la Vie de Dieu avant notre création. Nous savons qu'elle fut notre vie avec Lui avant la création de l'Univers. Nous savons pourquoi et comment Il a créé l'Univers avec tout ce qu'il contient : la lumière, le ciel, la Terre, les végétaux, les étoiles, les animaux et l'humanité. Nous savons ce que représente tout ce qu'Il a créé. Nous savons ce qu'est l'esprit et ce qu'est la matière. Nous savons qu'elle fut notre vie pendant les sept étapes de la création de l'Univers. Nous savons ce qu'est un Homo non sapiens et comment l'Homo non sapiens est devenu sapiens. Nous savons que nous sommes des Homo sapiens : des âmes humaines[215].

Il nous faut maintenant savoir ce qui s'est passé depuis l'émergence du premier Homo sapiens et pourquoi ça s'est passé ainsi et pas autrement, il nous faut savoir aussi ce qui se passe actuellement et pourquoi ça se passe comme cela et pas autrement et il nous faut savoir encore ce qui se passera jusqu'au dernier Homo sapiens et pourquoi ça se passera de cette façon et pas autrement. Il nous faut donc comprendre le sens de l'Histoire humaine sapiens passée, présente et future. Il nous faut donc connaître l'histoire du septième Jour. Seul Dieu la connaît ! Pour la connaître, il nous faut donc L'écouter nous raconter l'apocalypse du septième

---

[213]. Psaume 82:6. « *Vous êtes tous des fils du Très-Haut.* »

[214]. Jean 10:34. « *J'ai dit : vous êtes des dieux.* »

[215]. Quand les scientifiques sauront pourquoi l'Univers, la vie, la lumière, le ciel, la Terre, les végétaux, les étoiles, les animaux et l'humanité existent nous y verrons plus clair. Quand ils sauront comment l'Homo non sapiens s'est mis à parler nous en saurons un peu plus. Quand ils chercheront l'essentiel plutôt que l'inutile nous pourrons nous réjouir. Quand ils nous présenteront un modèle cosmologique clair, simple, cohérent et logique nous serons aux anges. Quand ils réintégreront les dieux nous nous féliciterons enfin. Pour l'heure, ils continuent de chercher. Espérons qu'ils trouvent un jour ce qu'ils cherchent. Depuis 6 000 ans, tout a été dit. Il leur sera difficile de trouver mieux.

« *Respecter Dieu, c'est le commencement de la science, seuls les fous s'en moquent.* »

Dans le domaine de la psychiatrie, on entend par **fou** un malade mental, c'est-à-dire une personne atteinte de troubles mentaux, c'est-à-dire encore une personne présentant des troubles du comportement ou de l'esprit dénotant ou semblant dénoter une altération pathologique des facultés mentales. Tout serait donc in fine qu'une question de mental, de comportement et d'esprit.

Jour. Alors écoutons-Le puisqu'avec Lui tout est clair, simple, cohérent, logique et lumineux, puisqu'avec Lui il n'y a ni hasard[216] ni mystère[217].

«Tout blasphème sera pardonné aux hommes, mais le blasphème contre l'Esprit ne sera pas pardonné. »

---

216. *Le hasard bavarde, le génie écoute* (Victor Hugo). *Le hasard est l'ombre de Dieu* (proverbe arabe). *Le hasard est une loi qui voyage incognito* (proverbe arabe). Il est plus que probable qu'Einstein, maître en copier-coller, s'est inspiré des deux proverbes arabes précédents pour énoncer sa phrase devenue célèbre mais stupide : *« Le hasard, c'est Dieu qui se promène incognito ». Rien dans ce monde n'arrive par hasard* (Paulo Caelho). *Le hasard n'est que la mesure de notre ignorance* (Alfred Capus).

217. *Un mystère, c'est de l'opaque qui doit s'élucider* (Vincent Cespedes). L'opaque élucidé, il n'y a plus de mystère.

Table des Matières

À suivre :

La Révélation de Dieu
Tome 2

L'apocalypse du septième Jour

La vie de Dieu, des dieux, des anges et des âmes
pendant l'Histoire humaine,
du premier au dernier Homo sapiens.

**

La Révélation de Dieu
Tome 3

L'apocalypse du futur

La vie de Dieu, des dieux, des anges et des âmes
après la fin de l'humanité sapiens,
et après la destruction de la Terre et de l'Univers.

***